CUANDO SE TE PAUSA LA VIDA

¡Inspiradora, desafiante y reconfortante! "Cuando se te pausa la vida" es una obra que cautiva desde el primer instante, como un exquisito café colombiano acompañado de un trozo de chocolate amargo, despertando los sentidos con sus aromas más deliciosos. Ivonne, agradezco profundamente tu honestidad y apertura al compartir, en cada página, tu proceso de transformación bajo el fuego de la adversidad y la enfermedad. Desafías las ideas preconcebidas sobre la fe y nos muestras cómo encontrar la dicha del corazón incluso en los detalles más pequeños de nuestra rutina diaria. En mi caso, un bálsamo para el alma.

– Camila Sabogal Ardila, trabajadora Social y magister en Estudios Políticos Latinoamericanos.

Vengo de leer tu libro que disfruté grandemente. La ruta del milagro de Dios en ti es conmovedora e inspiradora: en el tiempo y con los instrumentos que Él escogió. Admiro a Vladimir –el chofer que te lleva en el asiento de adelante– a tus bellas hijas, a tus familiares, a los profesionales de los hospitales, a tus amigos y hermanos en la fe. Me congratulo contigo por la pre-sencia de Dios en ti y por tu fe fuerte y gozosa; eres hermosa "en la esencia de tu carácter y en tu esencia de mujer". ¡Te felicito y bendigo!

– José Joaquín Troconis, supervisor de cuidados al anciano, Ciudad de Los Ángeles.

"Cuando se te pausa la vida" es una historia épica y testimonial escrita en la tensión entre la incertidumbre y la fe; desde el dolor y el desaliento a la victoria que produce el depender enteramente de Dios en las circunstancias más extremas. Ivonne Cabral narra el difícil proceso de su enfermedad hereditaria renal y hepática, y de ascitis, hasta el momento crítico de la operación de doble trasplante de hígado y riñón. Su testimonio revela una experiencia extraordinaria e inspiradora del poder de la fe, la solidaridad de la familia, la oración colectiva y el apoyo de los hermanos en la fe. Sin duda, su lectura animará a quienes estén pasando por momentos de lucha con la salud sobre todo en la certeza de que lo importante en la relación con Dios es el descubrimiento de su amor inquebrantable.

– Valentín González-Bohórquez, periodista y escritor.

La valorización de nuestra calidad de vida siempre se basa en cuan ausente esté el dolor de ella. Tristemente, desperdiciamos los mejores momentos de aprendizaje cuando esperamos pasar por la vida sin experimentar sufrimiento. En este libro podrás irte con Ivonne a una aventura de fe, una aventura para la que ella no aplicó ir, pero Dios decidió llevarla consigo. Para mí es un honor y un privilegio recomendarte esta joya literaria de alguien que ha caminado con su Dios. Estás a punto de comenzar una jornada para entender el verdadero significado de la vida a través de los ojos del dolor. Conocerás tus verdaderos limites, tus verdaderos amigos, tu verdadera familia y quién es tu verdadero Dios, "Cuando se te pausa la vida".

– Dr. Carlos A. Vélez, presidente de Oikos USA.

CUANDO SE TE PAUSA LA VIDA

Ivonne Cabral

Portable inspira

CUANDO SE TE PAUSA LA VIDA

© 2024 Ivonne Cabral

©Primera edición 2024 Portable Publishing Group LLC.
30 N Gould St, Ste R, Sheridan, WY 82801,
Estados Unidos de América.

www.editorialportable.com

Portable Publishing Group LLC es una editorial con vocación global que respalda la obra de autores independientes. Creemos en la diversidad editorial y en los nuevos creadores en el mundo de habla hispana. Nuestras ediciones digitales e impresas, que abarcan los más diversos géneros, son posibles gracias a la alianza entre autores y editores, con el fin de crear libros que crucen fronteras y encuentren lectores.

ISBN Impreso – pasta blanda: 978-1-958053-42-3
ISBN Impreso – pasta dura: 978-1-958053-47-8
ISBN Digital: 978-1-958053-41-6

Impreso en Estados Unidos de América – Printed in the United States of America

A menos que se exprese lo contrario, todas las citas de La Santa Biblia han sido usadas con permiso de la Nueva Versión Internacional® NVI®, Copyright© 1999 por Bíblica, Inc.®

Todas las referencias bíblicas han sido tomadas de la versión digital con permiso de Bible Gateway, HarperCollins Christian Publishing, www.biblegateway.com.

 ÍNDICE

DEDICATORIA

A mi esposo e hijas. Ustedes son un ancla de fuerza y devoción en mi vida, los amo mucho más allá de lo que puedo explicar.

A mi amada hermana Teresita quien nos dio un incansable ejemplo de fe en medio del sufrimiento. Aparte de ser apoyo incondicional durante todo mi proceso, inspiró la vida de muchos hasta el final de sus días.

A mi sobrino Manuel, cómplice de travesuras, compañero en la batalla y un gran motivo para sonreír en la vida. Te vi convertirte en un testigo fiel de la gloria de Jesucristo.

A mi querida Yulieth a quien amé como una hermanita menor. Te mantuviste creyendo en el Invisible con una confianza tan grande como tu amor por Jesús. Si pudieras leer estas páginas desde el cielo estarías sonriendo.

Y por último a todos los que levantan su mirada para encontrar fe y esperanza en medio del dolor. Dios está para ustedes, siempre para sostenerles. Su amor nunca falla.

No somos nosotros sin nuestras heridas.

— Cliff High

PREÁMBULO

¡Estoy viva!, ¡Estoy viva! Estas fueron las primeras palabras que escuché de parte de Ivonne tan solo unos días después de su doble trasplante de hígado y riñón. Aún recuerdo esa llamada hecha desde Colombia para reafirmarnos que el milagro se había consumado y que al otro lado del teléfono podía escuchar una voz aun débil por las medicinas y la cirugía, pero al mismo tiempo llena del vigor que se respira al reiniciar la vida después de contemplar de cerca la muerte.

Mas que una simple frase emocionada, fue la expresión contenida en su interior como respuesta al gran milagro que Dios obró en ella y también entre quienes la rodeamos en aquellos tiempos tan difíciles.

Abrir sus ojos para descubrir que, a pesar de lo negativo de los diagnósticos médicos, de las pocas esperanzas que le daban, de las jornadas intensas de dolor y de lágrimas, de las abrumadoras citas a los hospitales y consultorios, a pesar de todo esto, ella puede decir hoy: ¡Estoy viva!

Las páginas de este libro contienen mucho más que el relato de un milagro del cual fuimos testigos muchas personas. Contienen momentos de dolor, de sufrimiento, de reclamos airados, de desconsuelo y de la terrible expresión de la palabra muerte represada en el interior de un ser humano con anhelos de seguir viviendo. También contienen la emoción, el agradecimiento, el gozo de experimentar una respuesta divina, la jornada que empezó en el dolor, pero llegó hasta la sanidad y la unidad de una familia que luchó unida llena de esperanzas y que ahora representa un testimonio poderoso para quienes siguen luchando y se sienten desfallecer.

Cuando se te pausa la vida es un relato emotivo y esperanzador. Es la carta de presentación de una mujer que mantuvo su valentía y su buen humor a pesar del dolor, de la deformidad y de las largas noches sin dormir por la incomodidad de su condición. Es además el clamor de un alma que ama la vida, que ama a Dios, que ama a los demás y que fortalece a otros, mientras ella misma padece sus propias luchas sin soltarse de su esperanza en Jesús.

Es también la representación de los que sufren sabiendo que su condición tiene un destino inevitable y de los que se aferran a la vida cuando todo parece jugar en su contra.

Para mí es un honor escribir el preámbulo de este libro y espero que cauce en ti lo mismo que ya hizo en mí. Que al final puedas valorar aún más la vida que tienes ahora, cada instante que puedes disfrutar con los tuyos, la mano amiga, la voz que consuela, la oración que te da soporte, el amor que nunca se extingue, la paz que de repente aparece en medio de las tormentas y especialmente la esperanza en Jesucristo que nos da nuevas fuerzas para seguir adelante.

Harold Caicedo
Fontana, California
Febrero 2024

Prólogo

La historia y las lecciones que compartimos en las siguientes páginas comprenden un período de por lo menos cinco años, lidiando con la enfermedad crónica degenerativa de Ivonne, como lo es la poliquistosis renal, para la cual no hay tratamiento curativo aún.

Transitar una condición crónica no es tarea fácil. Nos pasea a todos los involucrados por el arcoíris de las visibles emociones humanas y hasta nos hace descubrir las ultraemociones y las inframemociones. A todos nos afecta.

En septiembre del año 2016, tuve la oportunidad de asistir una de las conferencias y exposición de publicaciones cristianas en español más importantes de Latinoamérica, *Expolit*, con motivo de la presentación de mi primer libro, y para dictar varios talleres como parte de la serie de *Comunicadores USA*.

En Expolit, se celebra cada año un concierto de música cristiana. Ese año, el concierto estuvo a cargo de Danilo Montero y Thalles Roberto. Fue un tiempo de alabanza y adoración envuelto en gran expectativa. En algún momento del concierto, Danilo tomó el micrófono para dirigirse a los casi setecientos asistentes.

Yo estaba tranquilo, escuchando como si sus palabras no fueran para mí. De repente comenzó a hablar de parte de Dios y dijo: "Yo soy tu sanador." Esas palabras las había escuchado muchas veces en mi caminar cristiano, de hecho, hacían eco a las palabras del libro de Éxodo:

> "... «Yo soy el Señor, que les devuelve la salud»".
> Éxodo 15:26.

Entonces comencé a negociar con Dios, y oré: "Quien está enferma es mi esposa Ivonne, yo no", como si Dios no lo supiera. "¿Podrías ser el sanador de Ivonne?" En ese momento mi corazón se aceleró y un pensamiento vino fuerte a mi mente, como si viniese de parte de Dios: "¡No! Yo soy tu sanador, porque si tu esposa está enferma, tú estás enfermo, tus hijas están enfermas, tus amigos están enfermos, tu comunidad está enferma. Yo soy el sanador de todos".

Ese pensamiento me quebrantó mucho y me vine en llanto. No podía pensar. No podía entender. El sufrimiento de mi esposa era mucho más de lo que podía soportar. En mi impotencia y frustración, reconociendo que Dios era mi sanador… nuestro sanador, hice la que pienso haya sido la oración más corta de toda mi vida: "Señor, ¿cómo?"

Las páginas a continuación son la respuesta a mi oración. Son la expresión del "cómo" de Dios.

Vladimir Lugo
Los Ángeles, California
Diciembre 2023

Introducción

> Eres más valiente de lo que crees, más
> fuerte de lo que pareces y más inteligente
> de lo que piensas.
> — Winnie the Pooh

Con frecuencia la gente me dice: eres una persona fuerte y valiente. Lo cierto es que no es así. Soy naturalmente asustadiza, cobarde y me paralizo ante la mayoría de las dificultades. Pese a que la historia que relato en este libro narra los días más difíciles de mi vida, también vi día por día la generosa provisión de Dios. Esa provisión es un susurro quieto pero firme que me llama confiada. Esa es la fortaleza que la gente puede percibir en mí.

Al principio, pensé que no era una buena idea escribir este libro. No creí que mi historia fuera importante, ni siquiera adecuada, ya que no era un relato triunfalista desde sus inicios. En general, se espera que un cristiano triunfe en una prueba, que sea siempre fuerte, que no sienta temor, que la tristeza no lo abrume y que sus emociones no lo alcancen.

En mi caso, sin embargo, la realidad fue muy distinta. Tuve que vivir un proceso largo y doloroso hasta entender que las cosas a veces no suceden cuando queremos que sucedan y que, a pesar de todo, Dios siempre está ahí, acompañándonos en los momentos más difíciles y en las pruebas más intensas de la vida, aunque no sepamos entenderlo a plenitud.

Dios se reveló en mi vida de una manera muy diferente a como yo le conocía. Me presentó otra cara, tan humana y real en el sufrimiento, que me permitió conocer una faceta mucho más profunda de su actuar. Hoy, después de todo lo vivido, sé que Dios no juzga nuestra manera humana de responder; se acerca, se vuelve accesible y empático en nuestro dolor. La fidelidad de Dios en medio de las circunstancias es lo que te llevará al otro lado de cualquier adversidad.

Quiero abrir mi corazón para guiarte a la fuente de toda bondad, sabiduría y conocimiento. ¿Conoces a Dios? ¡Qué bueno! Pero créeme: vendrán tiempos en los cuales Él deseará revelarse de manera más personal en tu vida.

La revelación del carácter de Dios te hará transitar por procesos que suelen ser duros y retadores. Te darás cuenta de que Dios es fuego consumidor. Pero mirarás atrás, revisarás tu historia y verás el milagro de corazones transformados, tanto el tuyo como el de quienes te acompañaron en el camino. Solo así estarás preparado para hablar a otros y testificar de quien has creído y lo que ha hecho en tu vida.

Esta estrategia de revelación trasciende tus costumbres religiosas, tus métodos y tus tradiciones. Simplemente en la noche más oscura estará Él para pasarla contigo y sorprenderte con un nuevo y bello amanecer. ¿Cómo lo sé? Bueno, he estado allí muchas veces.

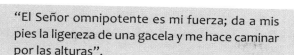

"El Señor omnipotente es mi fuerza; da a mis pies la ligereza de una gacela y me hace caminar por las alturas".

Habacuc 3:19.

Camina por las alturas

La gacela es un animal que vive en las montañas desérticas de Palestina. Su tamaño mediano y sus patas delgadas le permiten realizar grandes saltos de precisión y ser muy ágil para evitar ser atrapada por sus depredadores.

Si Dios te permite pasar por tiempos y temporadas de sequedad en tu vida, si te deja vivir en el desierto, también te equipa como a la gacela para atravesarlo, conquistarlo y estratégicamente salir ilesa y victoriosa.

Cuando decidí comenzar la diálisis, la historia de mi papá sufriendo la misma enfermedad me aterraba. No podía ni mencionar la palabra "diálisis" porque evocaba todo tipo de temores. El médico me decía que era eso lo que tenía que hacer; Vladimir, mi esposo, me insistía en que debía desintoxicar mi cuerpo. Esto se está interponiendo frente a mí y de alguna manera tengo que conquistarlo, pensé. Necesitaba hacerlo para poder tomar decisiones más adelante y seguir viviendo. Aceptar esa primera idea fue crucial porque significó superar un miedo. Pero quiero decírtelo con toda honestidad: no lo hice sola.

Tener dos hijas y un esposo, una familia que te ama y te brinda apoyo con todo lo que necesitas para afrontar los retos, independientemente del resultado, es una fuente de fortaleza. La valentía implica superar el temor, no dejar de sentirlo. Puedes avanzar incluso cuando estás temblando. Dios te ayuda a equiparte para enfrentar esos miedos.

Nunca estarás desabastecido en ninguna situación. Junto con el problema, viene la salida. Al lado de la prueba, la fuerza y la resistencia. Frente a cada mar de situaciones, Dios te da una vara para que veas su mano milagrosa partiendo las aguas, o te manda una balsa para que flotes, o Él mismo te tenderá la mano para que camines sobre la superficie.

El método no siempre es el mismo, pero al final de todo, y para su gloria, serás cada día esculpido a la imagen de Jesús. Hay personas que han experimentado sanidad instantánea de distintos tipos de enfermedades. Para mí, aunque oraron muchas personas de diferentes continentes, no sucedió de esa manera. Lo mío fue a través de un proceso largo pero integral, ya que no se trataba solo de lo que estaba sucediendo exteriormente a nivel de salud, sino del proceso de transformación interno.

Llegó un momento en mi vida en el que ser sanada o no era lo menos importante. Tuve que rendirme por completo, someterme a la voluntad perfecta de Dios para mí y mi familia. Me despojé de todo ese peso y fue lo más liberador que pude experimentar. Entender que mi paso por esta tierra es temporal y que todo lo que estamos experimentando es maravilloso en esencia, trajo mucho descanso. Ese descanso vino al confiar mi vida por completo a Dios. Estaba tan satisfecha de tener esa seguridad, de sentirme tan amada y protegida.

Verás, vivimos en un constante afán en la vida. Nos enfocamos demasiado en nosotros mismos y no vemos el sufrimiento de los demás; incluso podemos descalificar a la gente que sufre como débiles, al decirles que dejen de llorar y padecer. Pero cuando eres tú quien está en medio del sufrimiento, desarrollas empatía hacia los demás y hacia ti mismo. Haber vivido esa pausa me enseñó el valor de las cosas importantes, a apreciar cosas que no ves cuando vives tan rápido y sin mirar a tu alrededor.

Caminar por las alturas puede significar también un camino de fe, otra manera de pensar, otra forma de proceder, una nueva manera de reaccionar, una vida nueva. Es la vida nueva que Dios te quiere dar. Eso solo es posible verlo cuando, como la gacela, te permites caminar confiado entre riscos y montañas peligrosas.

Dios te bendice y fortalece, está en medio de ti como un poderoso gigante. Te da la promesa inefable de cuidarte en medio de la tormenta y del abismo.

Camina por el fuego

Me pregunto si cuando la gente se acerca a mí puede percibir el olor a humo. Siento que Dios me ha procesado en el fuego por un prolongado periodo de tiempo. Si has pasado por dificultades extenuantes te podrás identificar conmigo en esto.

En varias partes del proceso, sentí el fuego ardiente cerca de mí. Cuando caí en depresión después de que me pusieron la fístula en el brazo, por ejemplo, y que pasé muchas noches sin dormir. O cuando tuve que hablar con mis hijas sobre la posibilidad de que pudiera morir, una situación emocionalmente extrema.

Sin embargo, años después, al entrar a la cirugía, experimenté una de las sensaciones de paz más profundas de mi vida. Sentí que me asustaría más ir al dentista que al quirófano para el trasplante. No tenía miedo de nada en absoluto; ya sea que despertara aquí o con Dios, no tenía temor. Estaba firme en mi confianza.

En ese momento, Dios pasó a ser el centro; era verlo a él orquestando a tantas personas, manejando recursos, uniendo tantos corazones para ayudarme. Fue maravilloso poder finalmente sentarme, descansar y ver el plan de Dios para salvar mi vida y prolongar mis años aquí. Al principio fue la pelea, la decepción, el enojo. Sentí que Dios me había fallado, pero luego se convirtió en una fe absoluta, sólida como una roca, gracias a haber caminado a través del fuego.

> "Cuando cruces las aguas, yo estaré contigo; cuando cruces los ríos, no te cubrirán sus aguas; cuando camines por el fuego, no te quemarás ni te abrasarán las llamas".
>
> Isaías 43:2.

Como lo expresa el profeta: "cuando"; y siempre habrá un cuando al cual llegarás como su hijo o hija, a este tiempo de transformación llamado prueba. Siempre habrá esos momentos en los que somos probados, metidos en el horno abrasador, querámoslo o no. Una de las formas en que Dios se da a conocer en la Biblia es como el alfarero, el artesano que, si el barro está muy duro, debe romperlo para poder moldearlo. Él trabaja nuestro barro. Es su obra en nuestro espíritu.

Todos, en algún momento, seremos probados para desarrollar nuestra fe, conocer a Dios de una manera más personal, dar testimonio en nuestra vida y que se vea su fidelidad. Es una prueba para desterrar el egoísmo y tantas otras cosas que llevamos los seres humanos.

El resultado maravilloso de la prueba es el de estar en Sus manos. Dios opera realizando un trabajo profundo en tu vida, eres limpiado por Dios, purificado por su fuego. Él trabaja con aquello que te incapacita para verle como Él quiere ser visto. Te confronta con tus luchas y después te arropa con una irresistible gracia, que jamás se apartará de ti.

Te recuerda que tienes un sello que dice que le perteneces, no importa qué, pase lo que pase. Eres suyo o suya para siempre y no te dejará ni te abandonará. Y mejor aún, te equipará para superar esos tiempos para que de manera sobrenatural emanen la fuerza, la fe, el gozo, el agradecimiento y la alabanza.

Las verdades de Dios cobran vida, se hacen reales en el proceso. De repente, en medio de la necesidad, lo puedes ver actuando, manifestándose. Pasa de ser un mero conocimiento intelectual a ser parte de quién eres tú. La Palabra, lo que él ha dicho que es Él, sus promesas, su carácter, cobran vida cuando le dejas ser y hacer.

Al principio no entendía el porqué de las cosas, por qué Dios las estaba permitiendo. Pero a pesar de que no lo entendía, Dios siempre reforzó el amor que Él mostraba por mí. Podía sentir su amor en medio de la noche, balbuceando, pidiendo ayuda con mis vértebras fracturadas, o pasando cuatro horas de diálisis en una silla. Podía escuchar a Dios diciéndome: "Aquí estoy, puedes contar conmigo, caminando de la mano".

Ese amor fue el que me venció, el que me rindió de querer todas las explicaciones posibles. Luego, ver las respuestas de la gente, cómo oraban por mí después de días tan malos, cómo llegaban personas que decían que mi vida los había tocado, era darme cuenta de que Dios estaba manifestándose conmigo. Era Dios entregándome su escudo, su bandera. Iba a la batalla, pero no iba sola. Me puse los guantes, los amarré bien y seguí adelante. Cuando dejé de hacerme preguntas, de buscar el por qué, Dios empezó a manifestarse en mí, a obrar sus maravillas.

El enojo y la decepción de no ver las cosas pasar como quieres que pasen, no te dejan ver esa manifestación de Dios en el momento. Algo tan sencillo como el equipo médico que me atendió en UCLA era una muestra de sus milagros.

Yo estaba perdida, no sabía que existía un grupo de doctores tan eficientes en Los Ángeles, que además tenían un departamento de investigación sobre mi enfermedad. Ellos fueron el mejor recurso que yo podía obtener en California y llegó a través de un amigo médico, casi de forma casual. Ese era Dios operando a mi favor, conmigo. Cómo se fueron hilando todas las circunstancias, cómo todos los recursos que excedían lo imaginable fueron apareciendo uno a uno: cuidado médico, acompañamiento espiritual, apoyo de familiares y amigos, aportes económicos de desconocidos. Pero eso solo pude verlo después. Lo vi cuando dejé de pelear.

Son esas verdades delicadas y certeras en tu corazón que se tallan esculpidas por el experto. Y todo para que tu vida refleje a tu Hacedor. Tal vez necesitarás hablar menos, decir menos. Serás un testimonio andante de quién es Él y entenderás el propósito viendo a otros conocerle.

De manera que sigue adelante, no te canses, no te des por vencida o por vencido. Si perseveras, per se verás.

Camina sin cansarte

Ciertamente vivimos un estilo de vida agitado donde las demandas de familia, trabajo, cultura y sociedad nos mantienen excesivamente ocupados.

Ahora, el mantenernos haciendo lo que necesitamos para vivir no es malo, lo que sí nos perjudica es cuando nuestra vida interior está agitada y el afán cotidiano nos atrapa. Sin darnos cuenta nos sumamos a la estadística de gente estresada que no solo pone en juego su salud física sino también emocional.

¿Dónde encuentras la fuerza para seguir? ¿Dónde está el lugar de reposo? El antiguo profeta Isaías nos da la clave: confía en Dios. Dios es tu renovación de fe, de fuerzas, de determinación para no desmayar.

> "Pero los que confían en el Señor renovarán sus fuerzas; volarán como las águilas: correrán y no se fatigarán, caminarán y no se cansarán".
>
> Isaías 40:31.

A los 12 años Dios se acercó a mí y yo me acerqué a Dios. Desde entonces, Él y yo establecimos una relación. Para el momento de mi enfermedad, ya yo venía caminando con él y esa amistad, ese conocer la forma cómo habla, lo gentil y delicado que puede llegar a ser, especialmente cuando estamos en medio de una prueba, era algo que yo había experimentado anteriormente en mi vida.

Mi amistad íntima con Dios fue la base de todo lo que pasaría después. No podía orar ni leer la Biblia, no tenía la fuerza física ni mental para hacerlo, pero tenía la historia con Él, como una persona que conoces, que te ha acompañado, con quien has salido y disfrutado. Tan solo la presencia de ese amigo te reconforta, aunque no puedas atenderlo. Dios me preparó para ese tiempo.

Cuando nos mudamos a la ciudad de El Segundo y mi hija comenzó la universidad, sentí que Dios me llamaba a esos tiempos de oración, como si me estuviera aislando de todo el mundo para crecer en fe. Me llamaba a tiempos de búsqueda, a retomar esa intimidad con bases fuertes.

Para entonces, yo daba clases de español en las escuelas de la playa; ya estaba enferma pero no estaba tan limitada. Al estar tan aislada geográficamente de nuestro grupo de amigos y del grupo de la iglesia, de manera espontánea tuve tiempo para orar. Daba largas caminatas por la playa conversando con Dios, primero agradeciéndole con alegría, luego llenándolo de reproches por lo que me estaba sucediendo. No podía entender por qué a mí.

A los años, después de recuperar la salud, regresé a esa misma playa y recordé que ahí cambió nuestra conversación. Éramos Dios y yo en absoluta soledad. Mis hijas en la universidad y en la escuela, mi esposo trabajando; esas conversaciones eran entre Dios y yo. Cuando volví a caminar con energía y fuerza, recordé que ese fue un tiempo precioso que me preparó para lo que vendría después. El saber escucharle me dio la intimidad y la fortaleza para cuando viniera la tormenta.

Tantas cosas te pueden agotar, pero Dios tiene cuidado de ti. Nada ocurre por accidente. Dios ha determinado un plan, su palabra está ahí para sustentarte. Léela, profundiza, escarba, pregunta, investiga, escucha. Atiende.

Dios renueva tus fuerzas hoy para que puedas como el águila volar sobre cualquier circunstancia y ver las cosas desde una perspectiva superior. Para que camines sin cansancio hasta que llegues a tu destino.

Este libro es mi vuelo sobre mi propia historia. Mi caminata incansable hasta mi propio destino. Y la he traído para ti, para que tú puedas también ganar perspectiva.

Frente a la realidad de mi diagnóstico he tenido una incesante batalla en mi mente. La vida de repente quiere asaltarme de temores y angustias, pero Dios ha prometido estar conmigo todos los días hasta el final.

De muchas maneras he confesado que no soy nada valiente, pero, por otro lado, no me sostengo de pie en mis propias fuerzas; no sonrío porque quiera negar la realidad, lo hago porque tengo mucho por qué estar agradecida. He sido una mujer amada, una madre feliz.

Sonrío en la esperanza de que el Nazareno me toque; con un solo toque de Su mano todo esto sería una historia.

Necesito de Dios; de todos sus silencios y de todas sus palabras... porque en sus silencios me abraza y con sus palabras me hace nueva.

Así como en otros momentos me angustia el imaginarme en un hospital sufriendo y haciendo sufrir a la gente que amo. Lo mejor de todo es que he recibido el apoyo de personas significativas en mi vida.

¿Cuál es la conclusión de esta conversación o reflexión? Pues, vive un día a la vez y hoy...fue un día maravilloso.Te amo Jesús.

14 de agosto de 2007

¡Pelea por la vida!

> Pelea la buena batalla de la fe, echa mano
> de la vida eterna.
> — Apóstol Pablo, 1 Timoteo 6:12

He tenido que pelear por la vida muchas veces. Para muchos, pelear por la vida significa luchar por alcanzar buenas condiciones de vida, conseguir un mejor estándar económico, escalar las posiciones sociales o hasta políticas. Para mí, pelear por la vida ha sido literal. He tenido que pelear para vivir y seguir viviendo.

Nací en Bogotá, Colombia, en medio de una familia de cultura mixta. Mixta porque mi papá era bogotano y mi mamá venezolana y, aunque similares, las dos culturas se fueron entremezclando en casa desde mi infancia. Soy la menor de cinco hermanos. El día que mis ojos vieron la luz, mi hermana mayor tenía más de veinte años y mi hermano menor diez.

Nací prematura con menos de siete meses de gestación. A las pocas horas de nacida, los médicos les dieron la noticia a mis padres de que mis posibilidades de sobrevivir eran mínimas. Había nacido con una enfermedad conocida como membrana hialina. Es una condición muy rara que pocos superamos. Los médicos les dijeron a mis padres que debían despedirse de mí y prepararse para lo peor. Las pocas horas siguientes a mi nacimiento eran determinantes.

Con la prontitud del caso, me asignaron a una unidad de cuidados intensivos neonatal, a la cual tuvieron que traer un respirador artificial de otro hospital ya que en aquella época eran escasos. ¡Comencé a pelear por la vida! Aunque el balance entre la vida y la muerte era muy fino, mi cuerpecito débil comenzó a reaccionar a los cuidados. Me cuentan que era tan pequeña que cabía completamente en las manos de mi papá y mi estómago era tan inmaduro que me tuvieron que alimentar con gotero por varios meses.

Cuando pude ir a casa, fui bastante mimada y protegida por todos. Mis primeros años transcurrieron en un ambiente muy seguro, rodeada de amor y muchas atenciones.

A mis dos años mis padres deciden mudarse de Bogotá a Caracas. Mi papá tenía negocios y familia en Colombia, así que debía regresar con frecuencia. Mi mamá tuvo también que trabajar duro para levantar a nuestra familia; la recuerdo siempre trabajando. Yo tuve que ir a un internado porque nadie podía cuidar de mí durante esos primeros años en Venezuela.

Las repetidas ausencias de mi papá imprimieron una de esas tempranas memorias indelebles. Recuerdo decir: "Voy a sacar a mi abuelita de Colombia y voy a romper Bogotá". No quería estar lejos de mis padres. Por la diferencia de edad entre mis hermanos y yo y por todas las circunstancias de cambio, mi niñez fue bastante solitaria. Por lo menos, así la recuerdo. Siempre tratando de entender el mundo de los adultos que me rodeaba.

En mis años adolescentes empecé a conocer de Dios y desde entonces Él ha sido lo más importante en mi vida. A los 12 años fui por primera vez a la iglesia de la mano de mi madre. Aunque no me involucré suficiente con lo que se me estaba presentando, la inquietud espiritual se encendió en mí. Tuvieron que pasar cuatro años de rebeldía y desorientación, propias de una adolescencia difícil, hasta que decidí transitar el camino de fe y desarrollar una amistad más cercana con Dios. Necesitaba esa misericordia y esa gracia en mi vida. Desde entonces, no he dejado de contar con su presencia en mi matrimonio y mi familia.

A la edad de veintitrés años fui sometida a un examen físico, justo antes de casarme. Fue la primera vez escuché las palabras: "quistes en los riñones". El doctor que me examinó dijo: "no es nada de lo que en realidad debas preocuparte, conozco gente que llega a vieja sin ningún inconveniente". Por sus palabras tan seguras, mi edad y lo poco que en ese tiempo se conocía de la enfermedad, aquel diagnóstico no representó ningún tipo de amenaza.

La vida continuó sin mayor preocupación. Terminé mi carrera como psicopedagoga y educadora, luego me casé con Vladimir, mi novio de la adolescencia y eterno amor, tuvimos a nuestra primera hija, Johanna, quien me dio el regalo de ser madre, y nos mudamos a Puerto Rico, donde emprendimos un negocio de venta de teléfonos celulares. Vivía desentendida y despreocupada de la enfermedad.

Al poco tiempo salió una oportunidad para mi esposo de estudiar una maestría en teología en California y entonces decidimos salir de Puerto Rico. Duramos mucho tiempo para regularizarnos. Yo trabajaba mientras Vladimir hacía su maestría, y se aceleró la vida: obtuve el permiso del estado para enseñar en California, nació nuestra tan anhelada segunda hija, Natasha, y compramos nuestra primera casa.

Empezamos a asesorar jóvenes, a trabajar con matrimonios y a servir en distintas áreas del ministerio de la iglesia, con Dios muy presente. Como cualquier pareja joven que empieza a formar su propia familia y que se proyecta en las distintas áreas de la vida, íbamos a toda velocidad.

Ignoré la enfermedad, pretendí olvidarla, pero para ese tiempo ya habían diagnosticado a mi hermana y le habían practicado un doble trasplante cuando nació mi segunda hija. En ese mismo período, mi papá inició un proceso de diálisis, y pude observar el deterioro de ambos. A pesar de ello, creía firmemente que eso no me sucedería a mí. Confiaba en Dios; estaba convencida de que no se manifestaría en mi cuerpo, que los quistes no crecerían dentro de mí. Así lo manejaba, depositando mi fe en que todo sucedería según mis palabras.

Sin darme cuenta, estaba solicitándoselo a Dios de manera presuntuosa, asumiendo que Él lo iba a hacer exactamente como yo le pedía y quería. Sin embargo, a los 37 años, la enfermedad me dejó saber de manera inesperada que aún estaba allí, recordándome que no estaba exenta de sus efectos. Fue un momento en el que esa creencia olvidada resurgió, confrontándome con la realidad que había intentado evadir.

Pelea con Dios

De repente todo cambió. Estaba en casa cuando sentí un fuerte dolor de cabeza que me hizo sentir muy alterada. Me llevaron a urgencias y, después de las atenciones primarias, me diagnosticaron con presión alta. Esto me agarró por sorpresa. Una persona de 37 años no debería tener presión alta. Mientras me examinaban, los médicos me preguntaron si tenía otro padecimiento, si había otra información que no les había compartido, y solo entonces, después unos instantes de silencio incómodo, el recuerdo me golpeó como un relámpago: "sí, hay algo más", dije.

Los médicos de emergencia indagaron en mi historial médico. Como algo irrelevante, como quien dice cualquier cosa, mencioné que tenía quistes en los riñones. Eso los motivó a hacer otros exámenes, incluyendo un ultrasonido, que mostraron que la enfermedad había avanzado mucho, que esos quistes estaban creciendo y que no solo afectaban mis dos riñones sino también un tercer órgano, el hígado.

La noticia fue devastadora. El impacto de escucharla me dejó aturdida. Esto no me podía estar pasando a mí, pensé. A diferencia de la primera vez que escuché el diagnóstico, ahora estaba mucho más familiarizada con la enfermedad de "órganos poliquísticos". Mi hermana la padecía y mi papá estaba sometido a diálisis por la misma razón. Todo lo que giraba alrededor de la enfermedad era catastrófico y me infundía mucho temor.

Una amiga me había llevado al hospital esa tarde porque mi esposo viajaba trabajando como consultor de tecnología y estaba fuera de la ciudad. Como Vladimir no estaba conmigo, me sentía asustada y vulnerable, como si cualquier cosa pudiera sucederme. Era la primera vez que entraba a una sala de emergencias en California. El idioma, la soledad y la presión arterial elevada complicaban las cosas, y la aparición repentina de los quistes me desestabilizó. "Yo no provoqué esta situación", decía para mis adentros; "yo no fui imprudente ni me expuse a peligros o malas prácticas alimenticias que pudieran haber causado esta enfermedad en mí". Y es cierto. Esta enfermedad es de origen genético. Y ahí la frustración no tardó en aparecer.

Tratando de manejar la incertidumbre del futuro y con mi salud deteriorándose cuestioné a Dios en oración: "¿por qué yo, Señor?"

Quiero ser muy honesta, pues creo que lo que tiene valor es relatarte esta parte de la historia con absoluta transparencia. Mi relación con Dios cambió de repente. Lo hice a Él responsable de todo y no entendía cómo Él, después de todo lo que yo le había amado y servido, podía permitir una cosa como esta. Me sentí con derechos de ser protegida, de estar exenta de que algo malo me pasara y, aunque siempre ha sido mi convicción de que no ganamos ciertos privilegios por lo que hacemos para Dios, eso fue lo que exactamente estaba saliendo de mi corazón. Mi pelea con Dios apenas comenzaba.

Recuerdo que, en ese tiempo, Vladimir y yo estábamos tomando la rutina de caminar. Yo me estaba preparando para una caminata de 10K y, en uno de los entrenamientos, me paralicé. Sentí un fuerte dolor en la espalda, como una estocada y luego una pesadez, que me obligó primero a bajar la velocidad y luego a dejar de caminar. Era un dolor desconocido, que fue convirtiéndose en un malestar cada vez más intenso. Unas horas más tarde orinaba sangre. Se me había reventado uno de los quistes por primera vez. Lo que vino después fue absolutamente inesperado: se me empezó a inflar el abdomen, se me endureció la parte inferior de mis costillas y un cansancio enorme se apoderó de mí.

Ver mi cuerpo cambiar tan drásticamente fue una experiencia muy difícil, porque todos los días tenía que verme al espejo y no me reconocía. Mis hijas me preguntaban si estaba gorda, porque me veían la barriga grande, y tener que ocultarles la enfermedad que estaba desarrollándose a una velocidad impresionante era al mismo tiempo incómodo y doloroso.

Los únicos espacios que conseguía para desahogarme eran dentro de la ducha. Recuerdo llorar sin consuelo, ese llanto que te sale del centro del estómago y parece desgarrarlo todo. Estaba completamente desconsolada y sin esperanza. Me ocultaba de las niñas, pues no quería que me vieran así, y empecé a alejarme de mis amigos y conocidos. No quería que nadie supiera lo que me estaba pasando.

Esfuérzate y sé valiente

Un día abro mi correo electrónico y recibo un mensaje de una amiga de mi iglesia en Venezuela. Nosotros llevábamos varios años radicados en los Estados Unidos y había perdido la comunicación con muchas de las personas que nos acompañaron en nuestro caminar de fe los primeros años. Eran los días cuando las comunicaciones por mensajería de texto, las llamadas por Internet y las redes sociales apenas comenzaban a hacerse populares.

En su correo tan oportuno me dice que Dios la levantó de madrugada a orar por mí. Que se había despertado al escuchar una voz que le decía: "Levántate a orar por tu hermana Ivonne, que está en angustia".

Toda mi vida, a lo largo de mi caminar con Dios, había escuchado cientos de testimonios de que Él había movido a gente para orar por el bienestar de otros. Yo lo sabía, incluso yo había orado muchas veces por otras personas, pero esta vez era distinto. Él había mencionado mi nombre.

No tienes idea del impacto que esto causó en mí. Me di cuenta de que a Dios le dolía lo que me estaba afligiendo; que, pese a mi resentimiento y mi enojo transitorio hacia Él, ciertamente me estaba demostrando su cuidado y amor.

Ese correo no fue un evento aislado. En las semanas siguientes, Dios movilizó a un ejército de personas que escribieron tarjetas, enviaron notas e hicieron llamadas telefónicas. El tema común era: "no sabemos qué está pasando contigo, pero estamos orando por ti".

Nadie en California, excepto mi esposo, sabía de mi condición. Pero Dios me recordaba con denuedo que Él estaba al tanto de lo que pasaba. Él sabe, Él ve, Él oye, Él me conoce. Ante el choque de enfrentar el diagnóstico de mi enfermedad, estaba dándome las fuerzas y la esperanza de que me iba ayudar.

En aquel momento recibí las palabras: "Esfuérzate y sé valiente".

> "Mira que te mando que te esfuerces y seas valiente; no temas ni desmayes, porque Jehová tu Dios estará contigo en dondequiera que vayas".
>
> Josué 1:9.

Y sí que las iba a necesitar. Estas palabras se convirtieron en mi sustento durante los días que vendrían. Me llenaron de fuerza y de valentía para ir enfrentando cada uno de los retos y momentos oscuros.

A veces, creemos que, al evitar pensar en ciertas cosas, las mantenemos bajo control. Mientras nadie hable ni pregunte, nos engañamos pensando que estaremos bien. Sin embargo, la verdad es que la situación está ahí y tendremos que enfrentarla. Dios nos regala la vida, pero nosotros somos administradores de esa vida. Lo que hagamos hoy afectará cómo nos veamos mañana y cómo afectamos a los demás. Aunque tenemos la promesa de sanidad según la palabra de Dios, también debemos hacer nuestra parte. El cuándo y cómo lo hará Dios; no nos corresponde a nosotros.

Poco a poco la barrera que había levantado en el corazón hacia Dios se fue desvaneciendo. No estaba segura de cómo se iban a desarrollar las cosas, pero sí tenía la certeza de que no estaba sola. Esa seguridad fue suficiente para impulsarme a confiar.

¡Quiero vivir!

Recuerdo que mi esposo y yo conversábamos mucho acerca del futuro durante este tiempo. Las subidas de presión sanguínea se hacían cada vez más frecuentes y extremas y, con ellas, mis visitas a la sala de emergencias. La idea de que Vladimir estuviera fuera de la ciudad mientras yo lidiaba con asuntos de salud no era muy alentadora. Hasta cierto punto, incluso objeto de ansiedad.

Sin embargo, los dos encontramos refugio en las mismas palabras que había recibido de manera tan oportuna. Se trataba de esforzarnos y enfrentar la enfermedad juntos y de frente. Eso implicaba que debíamos tomar muchas decisiones trascendentales para mi bienestar y el de nuestras hijas.

He escuchado a muchas personas orando para que Dios les abra puertas. Sin embargo, si hubo algo que habríamos de aprender en los siguientes años fue que no siempre Dios actúa de la misma forma en las variadas circunstancias de la vida.

Hay puertas que abre Dios y, a veces, hay puertas que cierra. También, como dice la canción, a veces Él abre una ventana. Sin embargo, hay ocasiones en las cuales todo parece estar cerrado. Te encuentras en un callejón sin salida. Sin puertas. Sin ventanas. Pero Dios espera que sigas confiando hasta que Él te muestre la salida.

A veces te toca fabricar la puerta. A veces te toca tumbar puertas cerradas. Y otras veces, salir por caminos que tienes que abrir usando la inteligencia y la voluntad con la cual has sido dotado por Dios. No hay fórmulas. Estos son momentos de consulta, de consejo y de decisiones.

En una de esas tantas conversaciones, Vladimir me preguntó: "¿Qué quieres hacer", a lo cual yo respondí sin dudar: "¡Quiero vivir! ¡Quiero estar ahí para ti y para mis hijas!". Entonces debíamos hacer todo lo que fuese necesario para que yo viviera, con la ayuda de Dios. Fue ahí cuando mi esposo me dijo aquella frase que me sostendría los meses siguientes: "¡Pelea por la vida!"

Me refugié en la escritura durante ese tiempo. Escribir traía sosiego y esperanza. Mi realidad encontrada con mi fe me volcó a la tinta en el papel y a veces a los pulgares sobre el cristal del celular. Escribir tenía un efecto catártico. Me ayudaba a entender mis pensamientos, a afirmar mis emociones y a descubrir la belleza del carácter de Dios en medio de la tormenta. Por ese tiempo escribí: *Terco amor.*

Creí conocerte, pero estaba equivocada, nunca imaginé que había mucho más para ver.

¿Cómo puedes ser tan terco? ¿Cómo puedes resistir mis tormentas de dudas, mis oscuros pensamientos, donde la flaqueza y la desesperanza son las que hablan?

Traté de darte la espalda y en lugar de rechazo, viniste a ser esa fortaleza donde mi columna necesitaba reposar, y estoy ahí... al borde del desmayo ¡gritando en el silencio por ayuda!

Mis palabras tocaban cada fibra de tu corazón, se estremecía Tu alma con la mía, y posiblemente nuestras lágrimas fueron en ocasiones una sola.

Desperté en mi desvarío y estabas ahí, no podía negarlo, no podía ignorarlo. ¡Eras tú!

Ese amor que nunca me ha dejado, que en ocasiones se nubla en mi inconsciencia y se distorsiona por mi vulnerable humanidad. Pero ¿quién cambió?

¿Yo? ¿o Tú?

Mi percepción cambió. Tú sigues siendo el mismo, me amas igual que el primer día, igual que los días difíciles, igual que cuando brinco y salto de emoción hacia ti. ¡Nunca cambias!

Es tu terco amor el que me sostiene y me dará la fuerza hasta el final de esta batalla.

¿Qué está pasando?

> No puedes nadar hacia nuevos horizontes
> hasta que tengas valor para perder de vista
> la orilla.
> – William Faulkner

Para las semanas siguientes, ya habíamos hecho cambios en la dieta y el ejercicio diario estaba dando frutos. Ambas cosas estaban ayudándome a manejar mejor mi salud y en cierta medida a retrasar los efectos avasallantes de la enfermedad.

Ya no era un sacrificio buscar el tiempo para tener actividades al aire libre y eliminar cierto tipo de comidas en nuestra dieta latinoamericana, cargada de azúcares y carbohidratos.

Como es mi costumbre, decidí convertirlo todo en un tiempo de disfrute y de risas. Un día, en una caminata de entrenamiento con unas amigas, volví a sentirme extremadamente cansada. Lo ignoré y me dije: "tú puedes, empújate un poco más allá, es todo lo que debes hacer". Pero no fue así. El dolor que sentía en la parte baja de mi espalda me paralizó al punto de tener que regresar a casa en lágrimas.

Le hice seguimiento a ese suceso con una consulta médica y el médico me dijo, casi como una sentencia, que no podía hacer más ese tipo de ejercicio. Que era mucho para mí. Con los ojos abiertos de asombro le dije: "pero si solo estaba caminando". Tiendo a usar siempre la lógica, tratar de pasar todas las experiencias a través de la razón para poder entenderlo, pero esto no lo comprendía en su totalidad.

La verdad era que mi cuerpo seguía cambiando drásticamente, a pasos acelerados. Tratar de asimilar que algo que amaba hacer ya no iba a ser parte de mi era muy doloroso. Ese fue solo el comienzo de muchas limitaciones, de muchos noes, de muchos "solo hasta acá". De muchas pérdidas y lutos.

La sombra de la inseguridad

El crecimiento de los quistes en los riñones y en el hígado comenzaron a carcomer los tejidos saludables y a poner presión en los demás órganos de la cavidad abdominal.

Mi hepatólogo me explicaba que mi hígado se comportaba como una esponja: cuanto más crecían los quistes, más se exprimían, dejando salir fluidos en el abdomen y causando una condición conocida como ascitis. Todo esto ponía en riesgo el sistema circulatorio portal.

Mi cuerpo, de pronto, comenzó a parecerse al de quien está gestando un bebé... luego dos, luego tres. Parecía un embarazo múltiple. Cada vez era más difícil conseguir ropa adecuada. De hecho, comencé a comprar ropa en tiendas de embarazo, pero al poco tiempo incluso estas prendas dejaron de ser apropiadas en mi condición.

A las mujeres, desde muy pequeñas, nos enseñan a ser vanidosas. Es muy importante cómo nos vemos y cómo nos perciben los demás. Nuestra apariencia física tiene un efecto determinante sobre nuestra autoimagen y autoestima. Esto hace que la relación con el mundo sea más difícil cuando una no está cómoda con su cuerpo.

Por esos días estuve expuesta a muchas preguntas atrevidas y muchas miradas curiosas. Los comentarios imprudentes de la gente y las miradas escrutadoras que al principio me hicieron sentir tan desestimada dieron origen a un sinnúmero de anécdotas que con el tiempo se hicieron graciosas. Usaba mi cambiante apariencia física para ver las reacciones de las personas a mis comentarios. A veces casi podía escuchar en el silencio de algunas personas preguntarse "¿será que esta señora está embarazada? Pero ¿por cuánto tiempo? Y ¿de cuántos?"

En una de esas conversaciones cruciales con mi esposo le comenté lo insegura que me sentía a causa de mi apariencia. Le dije que a lo mejor él ya no me vería bella o que no tendría ojos solo para mí, a lo cual mi esposo me respondió con amor: "Ninguna otra mujer podrá competir con nuestra historia."

Sus palabras me dieron la seguridad que necesitaba para saber que nuestro matrimonio se renovaba a pesar de que mi salud desmejoraba.

Para cada reto que trajo la enfermedad, Dios iba trayendo algo sobrenatural para sobrellevarlo. A veces quería esconderme y disimular mi abdomen, pero Dios me daba la fuerza y la valentía para enfrentarlo. Casi podía escucharlo susurrar a mi corazón: "eres más hermosa que tu cuerpo, vales mucho más de como las personas puedan definirte; eres hermosa en tu carácter y tu esencia de mujer".

Mientras mi cuerpo se deterioraba, Dios estaba puliendo mi belleza interior, algo que solo Él sabe hacer bien. Reflexiono y comparto esto cada vez que puedo con cualquier mujer que se afana y se angustia por lo que la sociedad demanda de ella. Obviamente no estoy en contra del cuidado y de la coquetería sana, pero nunca debemos perder de vista lo más importante: la belleza del alma.

Cambios y ajustes familiares

Me atrevería a mencionar que al comienzo de toda esta situación los cambios en mis rutinas eran casi imperceptibles. Soy una persona con altas autodemandas y expectativas de mí misma. Me obligaba a seguir funcionando de la misma forma dentro del trabajo como educadora y dentro del hogar, cuidando de mi esposo y mis hijas.

Mi ritmo de trabajo no bajaba. Como yo estaba negada a que las cosas funcionaran con más lentitud, pretendía mantener mi ritmo cotidiano en todo lo que hacía, y eso me hacía terminar los días tirada en la cama por el dolor. Yo quería continuar con normalidad, con la misma fuerza de antes, pero algo tan sencillo como pasar una escoba o dar una clase, me provocaba dolores muy fuertes en el abdomen. Poco a poco fui adaptándome, pero para ceder a esos cambios y hacer esa transición a un nuevo ritmo, tuve que hacer un trabajo no solo corporal, sino de aceptación. Las mías no eran heridas visibles, sino sufrimientos internos del cuerpo, algo que nadie más veía.

Nuestros tiempos de recreación como familia también empezaron a reducirse a las cosas que yo podía hacer. Confieso que me sentía en ocasiones culpable, era como la aguafiestas del grupo familiar. La música de mi vida había cambiado drásticamente a una melodía más pausada y yo me empeñaba en seguir a toda velocidad dando brincos como quien baila un *rock 'n roll*.

Dentro de esos cambios y ajustes, cada miembro de la familia fue ejercitando un papel muy importante. Cada acción de comprensión y de apoyo dentro del hogar nos unió como nunca, pues mis hijas tuvieron que asumir responsabilidades que no se tomaban tan en serio anteriormente.

Parece mentira, pero en el proceso estábamos todos. Las niñas iban asimilando la situación y procesando el hecho de que las cosas estaban cambiando. Su fe estaba siendo sacudida junto con sus creencias. También Dios estaba siendo generoso con ellas y cuidándolas de muchas maneras.

Hay dos cosas que recuerdo con mucha claridad. Una de ellas fue cuando nuestra hija Johanna se iba a la universidad en la mañana y me dejaba sentada en un sillón donde pasaría la mayor parte del día sola. En una ocasión, ella se paró en la puerta, ya lista para salir, y con sus ojos llenos de lágrimas me dijo: "Mami, no te quiero dejar sola". Al escribirlo se me llenan los ojos de lágrimas, pues el ver el sufrimiento en ellas era algo que me hubiese gustado evitar. Solo le dije: "Haz lo que tienes que hacer, que yo voy a estar bien."

La segunda fue una tarde con Natasha, nuestra hija menor. Como era viernes y había terminado la semana, le dije: "¿te gustaría montar bicicleta?" Siempre fue muy activa, así que en seguida dijo que sí. Yo me preparé para bajar las escaleras del apartamento y caminar mientras ella montaba. Dos cuadras más tarde empecé a sentir tanta debilidad que comencé a arrastrar los pies, pero como mencioné antes, yo me empujaba, me esforzaba para lucir normal.

De lo que no estaba consciente era de que mi hija me observaba con detenimiento. Ella había desarrollado una capacidad impresionante de leer mis estados de ánimo. De momento exclamó: "¡Ya no quiero montar más!" Se bajó de la bicicleta, me agarró la mano y empezó a llevarme como quien lleva un niño pequeño de vuelta a un lugar seguro.

Tuvimos que hacer muchos ajustes y cambios familiares. Fue fundamental ejercitar la flexibilidad en medio de este proceso tan doloroso. Lo que no es flexible se quiebra. Si nos resistíamos y hacíamos como que nada estuviese pasando sería peor. Nos dispusimos a abrazar una nueva dinámica en casa y a amarnos en el camino, entendiendo y dándonos espacio a cada uno a crecer a nuestro ritmo, en nuestras áreas.

También aprendí mucho de mis hijas. Gracias a Johanna reconocí que no podía mantener mi condición en secreto. Ella me dijo: "Ya es necesario que todos sepan lo que te está pasando". De manera que me abrí a que otros fuera del círculo familiar lo supieran poco a poco.

Mi esposo siempre ha sido muy colaborador en los quehaceres del hogar, de modo ir asumiéndolos no fue un problema para él, pero luchaba por reconocer sus limitaciones y entender su necesidad de dejarse ayudar por otros. Quería hacerse cargo de todo aquello que yo iba dejando de hacer. Su tiempo ya limitado se comprometía cada vez más tratando de apilar nuevas tareas relacionadas al hogar y a atender mi salud. Si la gente ofrecía ayuda, él no sabía cómo responder. Esto es algo que tanto él como yo tuvimos que aprender: identificar el tipo de ayuda que necesitábamos y aceptar la buena voluntad de la gente como parte de la compañía de Dios mismo.

En una ocasión una de nuestras amigas, de edad ya avanzada, le preguntó: "¿En qué te podemos ayudar? Piensa; debe haber algo que necesitas". Mi esposo pausó por varios minutos ya que no era la primera vez que le preguntaba y no sabía responder. Finalmente le dijo: "Tiempo. Lo que yo necesito es tiempo". A lo cual ella respondió: "OK, te vamos a dar tiempo". Esa semana, llegó a la casa con otra amiga contemporánea a ella, con insumos de limpieza para limpiar la casa, y con una caja de comida casera lista para congelar que nos alimentó por dos semanas, la primera de muchas que nuestros amigos habrían de organizar para aligerarnos la carga. Nos habían dado tiempo.

Inadecuados en entrenamiento

Era la época de Navidad y nos habían invitado a casa de unos amigos para celebrar. Yo estaba acostada, sintiéndome muy débil corporal y emocionalmente. Se hacía cada vez más difícil asimilar los sentimientos encontrados y darle sentido a lo que estaba pasando.

No creo que mi esposo haya querido ser cruel ni insensible, pero reconozco que en ocasiones lo fue. Nunca fue su intención sumar dolores a la herida, pero sus comentarios al principio del proceso eran bastante inadecuados.

En medio del ambiente de tristeza de ese día, con la expectativa de la tradicional celebración, me dijo: "¡Es Navidad! Así que no sé cómo vas a hacer, pero aliéntate y baja para compartir con nuestras hijas, que ellas te necesitan". Tomé fuerzas de no sé dónde y traté de que pasáramos el mejor tiempo posible. Todos tratamos de hacer de ese día el mejor, pero sabíamos que el sacrificio como familia era grande y mis fuerzas, insuficientes.

Vladimir seguía sin entender mis luchas internas y sus comentarios eran cada vez más inapropiados. En una ocasión, caminando alrededor de la casa, me dijo: "De todas maneras las estadísticas de la muerte son impresionantes; el cien por ciento de las personas se mueren". Yo lo miré incrédula, ofendida por lo que acababa de decir.

Y no fue la única vez. En otra de esas caminatas cada vez más lentas y cortas, me espetó: "El Salmo 23 dice que, aunque andemos en valle de sombra de muerte no debemos temer mal alguno. Dios no solo camina con nosotros en el valle, sino que, aunque muramos, Él es quien está al otro lado para recibirnos". Esta vez le respondí con aspereza: "O sea, ¿me estás diciendo que me voy a morir?".

La peor de todas fue el día que salimos de una consulta médica. Cada vez que íbamos con esperanza, salíamos quebrados por la realidad. En el carro, de regreso a casa, comencé a sollozar. Vladimir, como en otras oportunidades, decidía evadir, hablando de cualquier otra cosa que no fuese el problema. En el tráfico, mirando al horizonte, suspiró y dijo: "Va a ser muy duro". "¿Qué cosa?", pregunté. "El día que nos tengamos que mudar lejos de la playa", respondió.

El silencio sazonado con desesperanza llenó muchos de esos momentos incómodos, en los cuales mi cabeza trataba de darle sentido a las cosas, pero nuestra inexperiencia lidiando con lo que pasaba salía a relucir. Vladimir trataba de buscar explicaciones teológicas que pudieran ayudarnos a entender, pero el ejercicio era fútil. No hay explicación para el sufrimiento. Solo nos quedaba seguir confiando en Dios y vivir cada día a la vez.

Las buenas intenciones de mi esposo, sus evasivas, sus planteamientos teológicos, se mezclaban con su deseo de ser el esposo que yo necesitaba. Yo también me movía entre la desorientación y el sinsentido. Entonces entendí que ambos, y no solo él, éramos inadecuados en entrenamiento. Y había mucho más por aprender. De hecho, sí aprendimos que crecer requiere de tiempo ejercitando la empatía.

Por eso escribí: *Se desmayó mi alma.*

Se desmayó mi alma. Sentí cómo se desvanecía lentamente como una pluma que cae en un verano ardiente, sin prisa, pero contundente.

Se desmayó mi alma. Solo quería apagar todos los sentidos y dejar de pensar y dejar de sentir, y simplemente esperar que me despertara algo o alguien con un pasaje de esperanza en la mano.

Que alguien dijera "fue solo un mal sueño, es una broma de la vida, levántate, camina, arréglate el cabello y plancha de nuevo tus sueños. ¡No pasa nada!"

Ahí, en medio de la inconsciencia sumida en un sueño de tristeza, me llegó tu mano, me alcanzó tu diestra. Me recordó que estarás a mi lado, que, aunque débil y con poca fuerza en la voz, todavía puedo alabar y encontrar la vida que este golpe quiere robarme.

¿Por qué te abates, alma mía, y te turbas dentro de mí? Espera en Dios, porque aún he de alabarle. Salvación mía, y Dios mío.

Se desmayó mi alma. Pero fue solo eso. Una caída, un desplome momentáneo, nunca una derrota segura ni eterna porque sé en Quién confío.

«El Señor da fuerzas al cansado y aumenta el vigor del que desfallece».

Dios entiende

Puede que no seamos capaces de evitar el temor o las heridas de la vida, pero Dios nos promete estar cerca para ayudarnos a enfrentar nuestros mayores temores y sobreponernos a las peores heridas.
— Dr. Joel Muddamalle

Por mucho tiempo manejé la idea de que, como persona de fe, debía mantenerme en esta posición inamovible de no sentir ningún tipo de emoción negativa, porque de ser así estaríamos en cierta forma negando lo que creemos. Y no solo eso, sino fallando la prueba a la que estábamos siendo sometidos.

Mi realidad no podía ser más lejana de esto. En consecuencia, empecé a albergar sentimientos de culpa y de fracaso. No quiero ofender a nadie con mi honestidad y sinceridad, pero el Dios que algunas personas nos quieren mostrar no es necesariamente el Dios de la Biblia.

"El Señor está cerca de los quebrantados de corazón, y salva a los de espíritu abatido".
Salmos 34:18.

Para algunos, Dios no está interesado en los asuntos mundanos ni cotidianos. Para otros, Dios tiene cosas más importantes en su agenda. Pero la palabra de Dios dice: "Cercano está Dios a los quebrantados de corazón". Cercano, no lejano. No está señalándome ni esperando darme la espalda cuando no cumpla con sus expectativas.

Aprendí entonces a venir a Dios en medio de esta locura. No importaba cómo me sintiera, con mucha o poca fuerza, de buen o de mal ánimo. A veces no podía ni orar y en muchas ocasiones me sentía emocionalmente devastada.

Supe y entendí que Dios no me rechazaba por ser vulnerable, todo lo contrario, se hacía más accesible que nunca, más tierna era su presencia y delicada en ministrarme en medio del sufrimiento. Cada vez que clamé a Él, me fortaleció.

Casualidades celestiales

Experimenté muchas "casualidades celestiales". Me llegaba una palabra, una llamada o un texto, justo lo que necesitaba escuchar. Cuando internalizas que a Dios no le asusta tu humanidad, las cosas con las que tienes que luchar o las que te quiebran en pedazos por estar en medio de un mundo caído, es algo glorioso y liberador.

Se estaba revelando un Dios que no conocía, un Dios de amor y compasión. Ese Dios que sabe y entiende el sufrimiento, pues Él mismo lo padeció, te acompaña a transitarlo en los momentos más oscuros. Las personas que te acompañan en medio del sufrimiento están limitadas humanamente. Pueden visitarte, orar por ti, darte su atención y su tiempo, pero hay unos momentos donde nadie más puede llegar; donde tú experimentas una soledad profunda en medio del sufrimiento. Es en esos momentos donde Dios hace presencia. Solo Dios va a estar ahí, contigo, dándote las fuerzas que necesitas.

Muchas veces me encontré en medio de esos diálogos internos en mi mente y podía sentir en mi espíritu cómo me afirmaba diciendo "aquí estoy, no te dejo un solo instante". Se hicieron más palpables sus palabras cuando dijo:

> "Y les aseguro que estaré con ustedes siempre, hasta el fin del mundo".
>
> Mateo 28:20.

El primer milagro

No es fácil apuntalar el primer milagro que experimenté en el proceso, pero voy a tratar de hacerlo.

Los primeros médicos no fueron de mucha ayuda con la enfermedad. Casi todos los que me atendieron en mis visitas a emergencia ignoraban la condición que tenía. En una de esas visitas, Vladimir vio por casualidad al doctor buscando en Internet qué era esa enfermedad de la poliquistosis renal. Cuando el doctor regresó a ordenarme algunos medicamentos, Vladimir tuvo que decirle que esos medicamentos no eran apropiados para mi condición. ¡No sabían qué hacer!

Cambiamos de varias oficinas médicas y de varios especialistas. Nuestra frustración con el sistema médico crecía con cada nuevo proveedor de salud. Uno de los nefrólogos que me atendía con regularidad parecía tener un poco más de conocimiento al respecto, sin embargo, hizo algo durante una de mis visitas de control que fue la gota que derramó el vaso. Cuando salió a la sala de espera para hacerme pasar a consulta, me preguntó delante de todos los demás pacientes: "¡Ah! ¿estás embarazada?"

"¿Que qué?", fue mi reacción. ¿Cómo era posible que el mismo médico que me atendía por órganos poliquísticos y ascitis, fuese tan insensible para no recordar de la visita anterior que mi abdomen recrecido era por causa de la enfermedad? Debía cambiar de médico otra vez.

Le conté lo que pasaba a una pareja de amigos, ambos médicos en la Universidad de California en Los Ángeles (UCLA), y en seguida me recomendaron con uno de sus colegas. Resultaba ser que este doctor era el jefe de investigaciones de poliquistosis renal (*Polycystic Kidney Disease* o PKD, por sus siglas en inglés) en la costa del oeste norteamericano. Estaba dedicado al trabajo de sondeo clínico llevando varias pruebas de medicamentos, pero no atendía directamente a pacientes que no estuviesen matriculados en sus estudios.

Por la referencia y por la relación que guardaba con mis amigos, accedió a convertirse en mi doctor de cabecera. ¡Piénsalo! En un instante pasé del momento más bajo de frustración y desilusión con el sistema médico al tope del cuidado especializado más renombrado del país.

El director de investigaciones de poliquistosis renal de UCLA, una eminencia que no atiende a pacientes se convirtió de un momento a otro en un agente de Dios para atender mi salud y guiarme a mí y a mi esposo a tomar las decisiones pertinentes. Esto era no solo una respuesta a nuestras oraciones, sino la primera demostración concreta de que Dios estaba en el asunto.

En una de esas citas médicas, mi nuevo doctor entró a la sala de consultas leyendo los resultados de mis exámenes médicos y me dice: "la resonancia demuestra que eres una persona muy inteligente, y el electrocardiograma me indica que sigues siendo una mujer enamorada". Después de romper en risas en el consultorio agradecí su sentido del humor. Esa calidez, amabilidad y repito buen sentido del humor pueden hacer de algo no tan placentero un buen momento. ¡Brindo por esos médicos que ya casi no existen! ¡Salud!

Decisiones difíciles

Cada cita al doctor era un golpe bajo. No había mejoría alguna, sino una muestra de evidente deterioro. Con mucho tacto, el médico empezó a mencionar la palabra diálisis; no podía ni pronunciar la sola palabra, era aterradora. Como mi cuerpo se estaba envenenando de manera acelerada y contundente, mi nefrólogo me dijo: "es tiempo de que des ese paso, no puedes poner en riesgo tu vida".

Créeme que lo postergué y lo postergué lo más que pude. No sé ni cómo describir la batalla mental que estaba teniendo. Llegué a considerar el pensamiento: "Bueno, ¿y si este es el fin?" Me dije: "¿qué tal si hago una reunión muy bonita con toda la gente que amo? y ¡chao pescao!". Perdón por desilusionarte. No soy de manera natural tan valiente como las personas creen, todo lo contrario. Ahí es donde Dios se perfeccionaba en mi debilidad. Acariciar estas ideas absurdas duraban unos segundos.

No quería hacerlo, pero el médico me convenció de prepararme para no tener que realizar una diálisis repentina. La diferencia era entre tener una fístula en el antebrazo madura y lista para ser usada en la diálisis, o tener que insertar un catéter de emergencia en la yugular.

Tomé la decisión de prepararme para la diálisis. Me sometí a la cirugía menor ambulatoria en el antebrazo izquierdo para crear la fístula conectando una vena con una arteria y seguido a esto entré en depresión.

Sí, leíste bien, depresión. Fueron las peores noches del proceso. No podía conciliar el sueño. Sufrí varias fracturas en mis costillas debido al agrandamiento de mi abdomen, puesto que no había un espacio natural para semejante volumen. El dolor en mis huesos y el agotamiento físico eran constantes. Noche tras noche me balanceaba para adelante y para atrás sentada en la cama. No tenía fuerzas para nada.

> "Tenme compasión, Señor, porque desfallezco; sáname, Señor, que un frío de muerte recorre mis huesos".
> Salmos 6:2.

Encontré una canción que me gustaba escuchar: "Digno", de Marcos Brunet, y hallaba consuelo al cantar mientras adoraba sin palabras a Dios. Solo balbuceaba. Adorar era casi como un sedante. Sentí empatía por los que en algún momento han expresado esa tristeza profunda que les quita el deseo de hacer cualquier cosa. Perdí todo deseo menos el de acudir a Él.

Muchas veces me visualicé sentada en el regazo del Padre, sin nada que decir, sola ahí, sostenida, abrazada, entendida y amada hasta romper mi pared de incredulidad. Una cosa era cierta: Él me amaba y no podía negarlo.

Todavía calificas

Toda tu vida creces dentro de una comunidad cristiana y te enseñan a pensar de cierta forma hacia Dios. ¿Qué sucede cuando enfrentas algo como lo que mi familia y yo estábamos enfrentando? Simplemente Dios se revela para dejarte conocer la verdad, de quién es Él, conforme a la Biblia.

Una de las noches más devastadoras en esa conversación interna hacia Dios solté todas las ideas religiosas que había albergado por tanto tiempo. No me daba cuenta, pero pensaba que lo que hacía como un acto de servicio y entrega, me ponía en una posición de ventaja o de privilegio. En cierta manera había comprado una garantía de "beneficios celestiales".

¿No se suponía que la salvación era por gracia? Lo sabía, pero en medio de mi sufrir, no lo entendía.

> "Porque por gracia ustedes han sido salvados mediante la fe; esto no procede de ustedes, sino que es el regalo de Dios, no por obras, para que nadie se jacte".
>
> Efesios 2:8-9.

Sin darnos cuenta podemos engañarnos a nosotros mismos y pensamos con una mente religiosa: ¡mira cuánto oro! ¡Cuánto leo la Biblia, y con cuánta regularidad asisto a la iglesia! ¿Qué sucede cuando estás imposibilitada, cuando alguna circunstancia ajena te impide hacer actividades? ¿Acaso eres menos hijo o menos hija? ¿No tienes el favor y la gracia del Padre? ¿Disminuyen quizás sus bendiciones? ¿Te da Dios la espalda? ¡Por supuesto que no! Tu currículo religioso no impresiona a Dios y tampoco necesitas leérselo para que te "contrate".

Dios me dijo con la tierna voz de su Espíritu: "Todavía calificas". Esta verdad trajo tanta libertad a mi vida, fue un tesoro que Dios me permitió hallar en este inhóspito desierto. Lo poco o mucho que hacemos para Dios es en respuesta a Su gracia y Su amor inefables. Respondemos en servicio, le buscamos porque es un deleite ir a su encuentro, oramos porque nuestro Padre nos anhela y nos ansía, pero nunca pretendiendo ganar su amor y aprobación, porque estas dos cosas ¡ya las tenemos! Dios nos las ha otorgado en forma gratuita sin buscarlo ni merecerlo. Aceptamos ese regalo, no solo de salvación, sino de vida abundante.

Te invito a que aceptes ese regalo de salvación. Busca un lugar tranquilo e invita a Jesucristo con esta simple oración:

> Señor Jesús, reconozco mi necesidad de ti y te invito a venir a mi vida. Me arrepiento de mi forma egoísta de vivir y te pido que me ayudes a vivir amándote a ti y a los demás el resto de mis días.

Esta aceptación de su amor y aprobación es una convicción que crecerá en tu interior por medio del

Espíritu que permanece en nosotros y nos permite permanecer en él.

> "De esta forma sabemos que permanecemos en él y que él permanece en nosotros: porque nos ha dado de su Espíritu".
>
> 1 Juan 4:13.

Entonces escribí: *Cuando se te pausa la vida.*

*Cuando se te pausa la vida... ¿qué ha-
ces? ¿Dónde quedan tus listas de cosas para
hacer? De momento te das cuenta de que
las cosas siguen funcionando sin tú estar a
cargo, que, aunque no luzcan como siempre
las tuviste, después de todo, ¡qué más da!*

*Sonríes a distancia, suspiras, y descubres
que se siente bien soltar. Llevas demasiado
peso y no puedes con uno más, abandonas la
gerencia del hogar, tus prioridades cambian.
Aún tu tiempo de oración es diferente, es
entre dolores y malestares, con balbuceos y
pocas palabras. Es válido. Todavía calificas.
Sigues siendo tan auténtica para Dios, aunque tengas la lucha de una mente religiosa
que te dice: no estás haciendo lo suficiente.*

*Un día soleado, una carcajada en medio
de la comida, el saborear el alimento, cinco
horas de sueño, se convierten en un regalo de
la vida.*

*¡No puedo creer que vivía tan rápido! Tan
ajena a tantas cosas y a tantas necesidades,
a tanto clamor. Y pensar que me mortificaba
por no tener la casa en orden, por no verme
al espejo con una figura perfecta, por no entrar en esa talla de pantalón que hace años
no puedo ponerme.*

Ahora solo quiero disfrutar lo más simple, lo quieto y lo ruidoso que trae el día. ¡Qué importa, todo es bueno! Todo tiene su lado amable. ¿Qué importa ensuciar? ¿Qué hay de malo en no seguir la rutina? Solo ansío vivir, respirar, reír, ver gente, sus caras, escuchar sus historias, y entender que a muchos como a mí, se les ha pausado la vida.

Donde muchos lloran

> Lo que nos parecen pruebas amargas, a menudo son bendiciones disfrazadas.
> — Oscar Wilde

Llegó el día al que tanto temía, mi primera diálisis. Aunque recibí una orientación previa, en realidad no tenía idea de qué podía sentir, ni cómo mi cuerpo podía reaccionar. En la sala de espera del lugar veía a gente salir en sillas de ruedas, casi desmayados. Yo observaba todo y le apretaba las manos a mi esposo, que sabía exactamente lo que ese gesto significaba.

Otras personas llegaban y se saludaban con bastante familiaridad, y al verme notaron que yo era una paciente nueva. Les sonreí y atine a decirles, "veo que se conocen entre ustedes", y diciendo esto di paso para que esta señora me narrara que había tenido un novio con quien venían juntos a la diálisis y recibían el tratamiento al mismo tiempo, hasta que un día, ¡pum! le dio un paro cardíaco en la silla y ahí murió.

Imagina por un segundo mi cara de asombro. Ahora las manos de Vladimir estaban siendo estranguladas con más fuerza. Estaba aterrada. Comencé a detallar el lugar. Los pacientes tenían sonrisas de sufrimiento. El color grisáceo de sus pieles se combinaba con las paredes lánguidas de la sala. Había un hálito de desesperanza que no podría describir, pero tampoco quería quedarme allí para descubrirlo. ¡Quería salir corriendo!

¡Sáquenme de aquí!

Me llamaron a entrar a la sala de diálisis. Es una sala rectangular amplia, con sillones reclinables pegados a la pared, y una estación central que sirve para que el personal técnico y médico coordine su trabajo.

El lugar es frío y tiene cierto olor urémico combinado con una sustancia química muy particular. Mientras esperaba a los técnicos para conectarme, observaba a un señor frente a mí. Era inevitable no verlo porque quedamos frente a frente. De repente empezó a voltear los ojos hasta blanquearlos, y se desmayó en la silla, convulsionando.

Comencé a gritar como loca: "¡Sáquenme de aquí, por favor, sáquenme de aquí, no quiero estar aquí!" Le suplicaba con lágrimas a mi esposo: "¡Por favor, por favor!"

Muchos miembros del personal me rodearon, incluyendo mi doctor, a la vez que otros atendían la emergencia. Todos hablaban a la vez, pero yo no podía escuchar. Mis oídos estaban cerrados y el terror dentro de mí gritaba más fuerte que cualquier explicación racional.

Entonces conocí a Lilly. Ella estaba sentada en la silla a mi lado izquierdo. Se acercó y comenzó a hablarme dulcemente. Me dijo: "Yo sé lo que estás sintiendo. Entiendo muy bien tu miedo. Yo estuve en tu lugar, pero créeme, todo va a estar bien. Te vas a sentir mejor. Vas a recuperar tu energía. Estas personas saben hacer su trabajo. Puedes confiar en ellos".

Fue empatía automática. Sus palabras me tranquilizaron, al saber que alguien me podía entender. Pude calmarme poco a poco y al superar mi terror, comenzó mi primera diálisis.

Cuando la aguja fue insertada en mi vena y empezó la máquina a hacer su trabajo, no sentí nada extraordinario. Me quedaba mirando y pensando: "¿esto es todo? No está tan mal". Esa primera diálisis, aunque muy gentil, fue el inicio de un proceso que fue poniéndose más difícil al transcurrir los meses.

Esa primera vez quedé muy cansada. Llegué a mi casa con necesidad de acostarme. Era como si hubiera corrido un maratón. Estaba exhausta, como queda una persona después de eliminar litros de sudor. No podía hacer nada más después de la diálisis. Solo tratar de descansar en mi agotamiento.

Mi riñón artificial

Así comenzaron a sucederse los días de diálisis. Tenía que conectarme a la máquina salvadora tres veces por semana. La insertada de las agujas en la fístula era muy dolorosa. A veces no funcionaba; no fluía la sangre y tenían que sacarla para insertarla de nuevo. Un par de veces me tocaron el nervio con la aguja y el dolor fue espantoso. Mientras tanto, la fístula seguía creciendo en mi antebrazo. Cualquier golpecito me causaba mucho dolor.

También debía lidiar con los bajones repentinos de presión arterial y el malestar posterior, sobre todo después de tres horas y media conectada a mi riñón artificial.

El dializador no solo te purifica la sangre de toda clase de toxinas y excesos de vitaminas y minerales, sino que, como la insuficiencia renal impide la función de orinar, también extrae un volumen programado de fluidos del cuerpo. Por lo general, entre dos y tres litros por sesión. El técnico me explicaba alguna vez que sí, cada diálisis era el equivalente a sudar corriendo de seis a ocho millas.

No era fácil regresar a ese lugar cada dos días, pero decidí dar lo mejor de mí. Me dije: "Estás aquí para brillar con la luz de Cristo. Estas personas te van a escuchar y no pueden escapar de ti". Es una broma claro.

Tuve lindas oportunidades de hablarle a algunos de los que trabajaban ahí y a otros pacientes. A veces me ponía mis audífonos y me metía tanto en la melodía y cantaba tan alto que cuando pasaban las enfermeras se reían.

> "No estén tristes, pues el gozo del Señor es nuestra fortaleza".
>
> Nehemías 8:10.

Dios me fortalecía a través del gozo. Viví lo que dice la palabra de Dios, que su gozo era mi fortaleza. Era genuino. Era Dios. Las sesiones de diálisis purificaban al mismo tiempo mi sangre y corazón, me libraban del exceso de fluido y de la carga que me agobiaba.

Empatía, sobre todo

Al entrar a la sala, saludaba silla por silla. Mi técnico bromeaba diciendo: "pero, Ivonne, pareces médico pasando ronda" o "ya llegó Miss Universo". Yo en realidad era otro ser humano, sintiendo empatía por esas personas enfermas como yo, y pensé: un saludo, una sonrisa, o un "cómo estás", tal vez puedan hacer la diferencia como Lilly lo hizo conmigo el primer día.

La mayoría de las personas no tenían quienes los acompañaran. Se veía mucha soledad. No me podía quedar indiferente al ver eso tan de cerca conociendo el amor de Dios. Siempre hay algo que podemos hacer. Si la necesidad te toca de cerca es para bendecir de alguna manera.

Dios me hacía entender que, lejos de querer sentir lástima por mi condición, por haber perdido tantas cosas, por haber tenido que renunciar a mi estilo de vida activo, tenía mucho en las manos para dar, todavía había tanto que ofrecer.

Así como la historia del niño con los cinco panes y los dos peces, lo que tenemos parece poco, pero no en las manos de un Dios poderoso que multiplica las fuerzas del cansado y es experto en manifestar su poder desde la sencillez y la disposición de darnos. Y es ahí cuando te das cuenta del potencial que Dios ve en nosotros y usa; aprendes que los limites o deficiencias no nos definen, solo son un camino para reinventarnos.

> "Pero él me dijo: "Te basta con mi gracia, pues mi poder se perfecciona en la debilidad". Por lo tanto, gustosamente haré más bien alarde de mis debilidades, para que permanezca sobre mí el poder de Cristo".
>
> 2 Corintios 12:9

Su gracia es suficiente porque Su poder se perfecciona en mi debilidad. Así es que, en un lugar donde muchos lloran, Dios me regaló sonrisas y canciones.

Empecé a realizar una labor de ayuda social, por darle un nombre. A través del teléfono conectaba gente con cierto tipo de necesidades con gente que tenía los recursos y la disposición a ayudar. Cuando conoces a los demás y te confían, puedes entretejer un manto de ayuda al prójimo. Te cuento esto no para vanagloriarme (todo lo hice por la gracia de Dios) sino para animarte a que veas dentro de ti, a que descubras tus habilidades y las actives, esas que las comodidades y las distracciones del día no te permiten vislumbrar. O esas que el temor o el dolor nublan.

Mi mejor terapia

Ayudar era mi mejor terapia para encontrar el camino hacia mi sanidad espiritual. No quedarme encerrada en mi situación, autocompadeciéndome, sino abriendo los ojos hacia afuera, sabiendo que podía ser la respuesta a la oración de otros.

No puedo dejar de narrar el día que en la sala de espera del centro de diálisis terminamos varios pacientes bailando música *country*. ¿Cómo ocurrió esto? Bueno, de forma espontánea. Mientras esperábamos, por alguna razón, recordé que conocía la coreografía de la música que sonaba en el fondo y animé a otros a participar. Ese solo acto de alegría nos hizo olvidar dónde estábamos y para qué. Era un escándalo y una algarabía. Las personas en la recepción estaban asombradas y es que de repente ocurrían esos momentos donde el estar vivos y respirando era suficiente razón para bailar.

> "Convertiste mi lamento en danza; me quitaste la ropa de luto y me vestiste de fiesta".
>
> Salmos 30:11

Dios cambió nuestro lamento en baile. No niego que la tormenta era real, pero ese día decidimos, como niños de edad preescolar jugando bajo la lluvia, brincar en los charcos y saborear las gotas de vida por el regalo de existir.

Entonces escribí: *Que te vean a Ti.*

Veo tantos corazones en dolor, opresión y esclavitud.

Mi oración es que puedan conocerte.

Reflexiono y me pregunto: ¿cuál es el Jesús que mi vecina hambrienta necesita encontrar?

¿Será que el Jesús de la multitud que sació el hambre de muchos hoy quiere multiplicar en esa mujer sus fuerzas y satisfacer su vacío, sacarla de su pobreza y miseria, y llevarla a la llenura y multiplicación?

¿Qué de aquella mujer maltratada y abusada, que se ha equivocado tantas veces que ya no vale nada para esta sociedad, su familia la desprecia y los suyos no le ven?

¿Acaso necesita ver al Jesús que conoció la mujer adúltera, que la libertó con misericordia y no la condenó con palabras como piedras, sino que cubrió su vergüenza y la vistió de amor y de una dignidad tan delicada como la sabana que dejaba ver un cuerpo medio desnudo?

Me pregunto: ¿seré yo el único Jesús que muchas de ellas un día habrán de conocer? ¿Tendré yo la misma misericordia, generosidad y amor?

> *Entonces entendí... yo soy parte de la respuesta.*
>
> *Mi oración cambió: "que al verme a mí transformada a tu imagen, te vean a Ti."*

TU HISTORIA ES ÚNICA

> La vida no es un problema que tiene que ser resuelto, sino una realidad que debe ser experimentada.
> – Soren Kierkegaard

A veces las malas experiencias de otros nos disuaden de hacer algo o nos impiden tomar acción ¿Te ha ocurrido alguna vez? No nos tomamos el tiempo para investigar ni conocer a profundidad, sino que nos dejamos impresionar sin mucho fundamento por lo que los demás nos dicen.

Eso era lo que ocurría conmigo. Cada vez que la trabajadora social se acercaba en medio de mi tratamiento de diálisis me hablaba de trasplante y yo tenía un rotundo no como respuesta. El 90% por ciento de esto se debía a la experiencia de mi hermana, quien había recibido un doble trasplante hacía quince años atrás. Ella es y será siempre alguien a quien admiro, no solo por su valentía sino por su amor a Dios y su fe inamovible.

Su caso fue bastante complicado. Había sufrido mucho y sus historias retumbaban en mí y me frenaban de tomar esa decisión ante la posibilidad de que mi historia fuese igual a la de ella. Sin embargo, al pasar el tiempo, las propias circunstancias te hacen reevaluar tu posición y cambiar de idea.

Estando más tiempo en la diálisis y compartiendo con otros pacientes te enteras de casos muy tristes. A algunos pacientes les empiezan a fallar las fístulas con el tiempo y tienen que buscarles lugares diferentes del cuerpo para poder conectarles al dializador. A otros les toca visitar con frecuencia la sala de emergencia como consecuencia de los efectos colaterales de las diálisis. Es cierto que la diálisis te prolonga la vida, pero al mismo tiempo es un proceso muy invasivo y barre con lo bueno y lo malo en tu sistema.

En una conversación de aquellos días, mi nefrólogo me dijo que, aunque no tomara la decisión aún para ser trasplantada, lo más importante era estar informada e iniciar el proceso que podría tomar hasta diez años.

Agradecida por tener la opción, consideré ponerme en la lista para ser trasplantada, pero necesité fuertes razones para atreverme a dar el paso y confiarle a Dios mi historia y su plan en ella.

Eres única

La palabra final la recibí en consulta con mi hepatólogo, un doctor cubano muy simpático, pero muy directo. En esa consulta le expresaba mis temores fundados en la experiencia de mi hermana y de su calidad de vida. Él me dijo iniciando con una palabra común que no puedo escribir: "Señora, el suyo de ahora no es un buen estilo de vida. Si se trasplanta, su calidad de vida va a ser mejor. Además, han cambiado mucho las cosas desde que su hermana se trasplantó. Usted es única. Su historia es única".

No somos un modelo de casa repetido donde el constructor trabaja igual o donde todo puede ser predecible. En realidad, tenemos un Dios personal que se ocupa de cada uno de sus hijos, en los detalles, colores y adornos de la casa donde Él habita.

Como requisito para poder ser trasplantada, debía recibir toda la información pertinente del proceso. Los detalles los recibiríamos a través de una serie de charlas en el hospital de UCLA, donde conocí a otras muchas personas que seguían el mismo protocolo. Seguido a esto, me sometería a los exámenes de rigor para poder ser anotada en una lista para recibir los órganos sanos. Era todo un mundo nuevo por conocer. Hablaba con las personas involucradas e intercambiaba historias y poco a poco me fui dando cuenta de que la espera sería muy larga.

Mis consultas regulares con los debidos especialistas eran parte de mi vida rutinaria. Mis hijas, mi esposo y mis amigos no dejaban de estar pendientes de mi reporte. A veces no quería que me preguntaran y tampoco quería responder. El tema me drenaba demasiado. En otros momentos parecía estar narrando la historia de alguien más menos la mía. O sea, narraba en tercera persona.

Mis amistades dejaron de contarme sus problemas porque, según ellas, los míos eran peores. Tuve que recordarles que extrañaba ser su oído, su hombro y que sus propios problemas no podían ser eclipsados por los míos. Que yo todavía podía ser amiga y dar un consejo si así lo quisieran.

Quería ser tratada como una persona normal. No quería que la enfermedad definiera mis relaciones familiares y la cotidianidad con mis amigos. Quería hablar de otras cosas. Reír, ir al cine, tomar café, hablar de la Segunda Guerra Mundial, quejarme de la economía, ¡qué sé yo! Estaba segura de algo: yo era mucho más que esta situación. Mi enfermedad no determinaba mi identidad.

De camino al fondo

Como parte de los estudios de rigor, debía verme con un cardiólogo. Esa mañana fuimos a un electrocardiograma de rutina y esperábamos los resultados en la sala. Al rato, la cardióloga, después de examinarme detenidamente, me dijo: "necesito que te quedes hospitalizada, tu pericardio está lleno de fluidos presionando sobre el corazón y requieres de una cirugía para drenarlo. Una pericardiocentesis".

La mente se me fue como un torbellino. ¡Ya va, espérate! Pero si yo vine solo a un chequeo, y ahora debo prepararme para una cirugía del pericardio. Comenzamos a hacer llamadas para pedir oración y al mismo tiempo nos veíamos mi esposo y yo encontrando el uno en el otro las palabras apropiadas. A veces no existen. Solo suspiras y te abandonas en ese siguiente escalón, sabes que no será fácil, pero también puedes descansar en la certeza de que no estás solo.

Todo lucía un poco impredecible. Ya la diálisis había pasado a segundo plano; el asunto aquí era solucionar lo que vino a ser de mayor urgencia: un corazón que funcionaba con mayor dificultad por la acumulación de fluidos y las limitaciones normales del dializador para drenarlos.

Fuimos llevados a la sala de emergencias y nos instalaron en un pequeño cuarto. El ruido de las máquinas, las quejas de los pacientes por diferentes dolencias y el ajetreo típico de la sala provocaban mayor estrés del que la situación misma ya estaba produciendo. Había mucho movimiento de personas que corrían de un lugar a otro.

Me sentí tan vulnerable. Era un caso más de tantos. Ahí en la espera, me volví a Dios y encontré fuerzas en Sus promesas. Este asunto no estaba tomando a Dios por sorpresa, pero a nosotros definitivamente sí.

Las horas de espera se hicieron eternas. El personal médico no podía llegar a un acuerdo sobre el plan de acción. Tres grupos de cirujanos diferentes realizaron juntas médicas para decidir de qué manera acceder al pericardio. Era arriesgado por mi abdomen recrecido y la posibilidad de horadar alguno de los muchos quistes alrededor. Algunos quistes habían crecido al tamaño de una pelota de softball. La cirugía no era fácil, no querían causar ningún daño ni mucho menos lastimarme.

Finalmente encontraron la manera de proceder. Insertarían un tubo entre mis costillas debajo del seno para abrir un orificio permanente en el pericardio, drenar y así evitar que se volviese a llenar de fluidos. En poco tiempo me encontré en el quirófano sin más opción que depositar mi confianza en ese maravilloso equipo médico y en mi Padre Celestial.

La cirugía fue un éxito, y por los siguientes días estaría en la unidad de cuidados intensivos para que el pericardio drenara el exceso de líquido. Sin embargo, durante la recuperación me encontré en condición muy crítica.

Tocando fondo

No creo que alcanzara a dimensionar mi estado posterior al drenaje del pericardio, aunque pensando en retrospectiva la gente más allegada había levantado todos los sistemas de alerta. Comenzaron a visitarme al hospital con una frecuencia inusual para dejarme saber que me acompañaban en la prueba y abrazarme. No podían traer flores porque no las permitían en la unidad de cuidados intensivos, pero llegaron obsequios, peluches, y hasta comida. Recibí llamadas de amigos y pastores con quienes no hablaba en mucho tiempo diciendo que nos respaldaban y estaban orando por mi recuperación. Otros llamaron a mi esposo para saber si estábamos preparados para lo peor.

Era tanta la alaraca que comencé a caer en cuenta de la gravedad del asunto. Los días subsiguientes eran cruciales.

Los médicos monitoreaban de cerca el fluido drenado para asegurarse de que la sonda no estuviese sellada. Perdí el apetito, y aunque la comida del hospital no siempre es la más sabrosa, debía comer para reponer energía. Me obligaban a caminar, aunque no quisiera. Todas las tardes venía el terapeuta físico. Hasta recibí dos visitas inesperadas: un joven voluntario desafinado que vino a cantarme con una guitarra canciones que no se sabía y un perro de servicio hermoso para que me hiciera compañía. Hice todos los esfuerzos necesarios para recuperarme pronto, pero nada parecía ayudar. Mi salud desmejoraba.

A pesar de estar tan débil, igual debía someterme a diálisis con un equipo móvil que traían a la habitación día de por medio, la cual me dejaba aún más débil y con el estómago revuelto.

Como estos días coincidieron con el cumpleaños de nuestra hija menor, una amiga le trajo una torta o pastel para que le cantáramos. Esa noche, 31 de octubre de 2016, estábamos en la habitación sin mucho ánimo de celebrar. Me sentía muy mal. La cara desencajada de mi cuñado lo decía todo. Se podían tocar las espesas nubes tristeza flotando en el aire. Hice mi mejor esfuerzo para cantar cumpleaños y hacer que el momento fuese agradable para nuestra hija.

Nadie trajo fósforos para encender las velas, así que mi esposo corrió al pasillo para preguntar al enfermero de guardia si tenía. "¿Para qué?", le preguntó alarmado, brincando de la silla. Mi esposo le explicó y el enfermero le respondió, "Ni se te ocurra. Si enciendes una vela, puedes causar una explosión porque la sección está súper oxigenada".

Gracias a Dios que no había fósforos. Cantaríamos sin lumbre en las velas, ¡qué más da! También cantamos sin luz en los rostros. Esa noche mi llama se debilitaba y, sin embargo, nada impedía que celebráramos la vida.

Cada día, mi esposo trataba de evitar que me viera al espejo. Había perdido mucho peso y no me veía bien. Cuando llegaban las enfermeras para cambiar las sábanas, yo aprovechaba para caminar un poco con él. Ese mañana, mi esposo se descuidó cuando regresamos a la habitación y me fui a mirar al espejo. Comencé a llorar desconsolada diciendo: "Parezco una calavera." Había tocado fondo.

Aunque no me daba cuenta, muchos pensaron que ese fue el punto más bajo de mi valle; el momento más frágil de mi salud y cuando estuve más cerca de pasar al otro lado.

Por la gracia de Dios, a los pocos días comencé a mostrar mejoría y a fortalecerme muy lentamente. Al salir a caminar, cada paso, un gran logro. Nos alegramos mucho el día que le di la primera vuelta completa a toda la sección. Luego dos. Luego tres.

¿Cuál es tu plan?

Esta situación despertó en dos matrimonios de nuestros amigos más cercanos, los Batista y los Hernández, una alarma. Me atrevo a deducir que ellos vieron que el cuadro de salud se estaba complicando y tuvieron entonces la maravillosa idea de hacer un acercamiento con mi esposo.

Creo tanto en la manera como Dios usa las personas a nuestro alrededor, cómo nos permite a través de otros ver cosas que nosotros no vemos porque estamos demasiado sumergidos en nuestro propio problema. Ellos estaban siendo dirigidos e inquietados a proveer una claridad de ideas y de planes a seguir que significarían la vía de milagro en la que Dios iba a glorificarse. No puedo evitarlo y tal vez esto sea algo que me suceda por el resto de mi vida: suspiro y se me llenan de lágrimas los ojos al ver el gran amor y cuidado de Dios y el gran amor y cuidado de mis amigos para conmigo.

"¿Cuál es tu plan?" Con esa frase iniciaron la conversación. Vladimir se quedó frío, inerte. En los últimos dos años, mi esposo venía resolviendo emergencia tras emergencia, haciéndose cargo de la casa, atendiendo a nuestras dos hijas, trabajando a tiempo completo cuarenta horas semanales, acompañándome a las diálisis, llevándome a las citas médicas, pasando desvelos y noches muy duras, descansando poco y con una mente trabajando en automático.

Tener un plan trazado para el momento que estábamos viviendo no era en su mente una prioridad. Su respuesta fue: "No tengo ningún plan".

Todo cuanto estaba sucediendo alrededor señalaba que había que tomar decisiones radicales en relación con mi estado de salud. Un amigo médico, visitándome uno de esos días en el hospital, se atrevió a decirme estas palabras: "Ivonne, si te quedas aquí en California te vas a morir". Luego mi hepatólogo me dijo lo mismo. Y una tercera vez, mi nefrólogo, durante una sesión de diálisis en la unidad de cuidados intensivos, me lo repitió. Todo indicaba que debíamos probar en otros lugares.

Nuestro siguiente movimiento era viajar a Medellín, Colombia, para evaluar la posibilidad de recibir el trasplante allá. Te preguntarás, ¿por qué Medellín? Allí fue donde mi hermana se sometió a su doble trasplante y en varias ocasiones habíamos considerado consultar mi caso con sus doctores. De hecho, el suyo fue el primer trasplante de ese tipo en la historia de la medicina en

Colombia. Ya no era una idea que rondaba ligeramente en el pensamiento, se había convertido en algo urgente y de alta prioridad. Mi enfoque era recuperarme, regresar a cierta funcionalidad y emprender ese viaje exploratorio lo más pronto posible.

Suelo usar una frase con frecuencia cuando las personas me comentan no saber o entender qué es lo que Dios les está pidiendo hacer en sus vidas. En ocasiones Dios te puede mostrar un camino muy amplio y puedes ver exactamente todo el recorrido, en otras te pide que des un paso a la vez, y que seas obediente en esas pequeñas decisiones, aún sin ver todo el panorama. Es cuando yo les pregunto: ¿qué fue lo último que entendiste de parte de Dios que debes hacer? Bueno, entonces obedece en eso primero, ya Él te mostrara el siguiente paso.

Un pastor amigo en una ocasión me dijo: "La vida en Dios es como manejar un carro por una carretera estrecha a través de la niebla densa de una montaña: solo alcanzas a ver una rayita a la vez."

Para nosotros era exactamente así, no teníamos claro todo el recorrido, pero sí la seguridad de que en ese momento había una rayita que señalaba una dirección clara.

En diciembre de 2016 estaba emprendiendo ese viaje a Medellín con Yeny, mi amiga de muchos años y la primera que tuve en California. Viajar con ella, una persona con quien había compartido hombro a hombro el salir adelante con nuestras familias como extranjeras en Estados Unidos, era una fuente de fortaleza y tranquilidad.

Dadas mis condiciones para el momento del viaje, recién salida de una cirugía, con las costillas fracturadas y sin tener toda mi movilidad, se necesitaba de mucho amor y tacto para lidiar conmigo durante la semana que habríamos de estar juntas en Colombia.

El día del viaje escribí:

> Para todos mis amigos y familiares: quiero decirles que estoy más fuerte que nunca, que reconozco que el Dios que tengo es de verdad, me ha sostenido en cada parte del camino y lo seguirá haciendo. No hay nadie ni nada que pueda impedir el plan que ya el Padre ha trazado para mi vida. He sido recipiente de tanta gracia, de tanta generosidad y de tanto amor expresado de mil formas que no puedo negar que es Dios en cada uno de esos pasos bendiciéndome. Estoy lista para viajar. Voy con grandes expectativas y una lista grande de comida colombiana que no pienso dejar de comer. Los amo profundamente. Son un motor importante de fortaleza y ánimo para nuestra familia. Ahora es que queda Ivonne para rato, para proclamar las virtudes de este maravilloso Dios al que amo. No se preocupen, todo estará bien.

Mi visita a Colombia coincidió con la de mi sobrino Manuel, quien también padecía la enfermedad, y mi hermana, a quien me referí antes. Sus mismos médicos me atenderían. Esa coincidencia no pudo ser mejor pues conté con todo su apoyo y amor incondicional en cada paso del camino.

Todos estábamos expectantes de cuál sería el resultado de varias citas médicas programadas en un tiempo muy limitado. No puedo negar que el ambiente era tenso. Nos apoyamos de la mejor manera posible, tratando de hacer llevadera las horas que tendríamos que pasar en ese hospital.

Yo manejaba la posibilidad en mi mente de obtener la información necesaria, regresar con tranquilidad y poder programar el procedimiento en función de lo que los médicos dijeran, pero para mi sorpresa, todo era más urgente de lo que yo alcanzaba a pensar.

Me pregunto si los seres humanos nos aferramos a ideas en nuestra mente que nos hagan sentir mejor para sobrellevar mejor las cargas. Es como si nos engañáramos a nosotros mismos, porque la realidad es demasiado dura. Yo prefería no saber todos los detalles ni todas las estadísticas, mucho menos todo lo que el médico tenía que decir. ¿La razón de esto? Un miedo que me subía por los huesos se atrincheraba en las coyunturas y me paralizaba.

Ya para el momento de escuchar a los especialistas de trasplante en Medellín, era importante entender la realidad por dura que fuese y rendirla al único que podía cambiarla: Dios. La fe nunca niega la realidad, solo se la confía a Él.

Pasé al consultorio, un lugar muy bien iluminado, moderno, pero que hacía que me estremeciera. No podía ser solo el aire acondicionado del lugar: eran los nervios que me hacían sentir como invitada a sentarme en un congelador.

Después del protocolo regular, el médico prosiguió a decir estas palabras que golpearon como un martillo mis oídos: "¡Tienes solo una pequeña ventana de oportunidad para vivir, el trasplante debe ser ya! Estás tan mal que, de no hacerlo ahora, no podríamos darte ninguna garantía de poder hacerlo después".

De ahí en adelante no escuche nada más. Sé que mi hermana y mi sobrino hicieron algunas preguntas, pero yo solo me quede vagando en mis pensamientos, ¿cómo sería esto posible?

Salí del consultorio ahogada en un llanto desgarrador, ese que te sale del estómago. Mientras empujaban la silla de ruedas hacia la salida, las miradas de las personas seguían mi recorrido. No reparé en ese momento el lugar donde estaba ni que todos me observaban. Mientras lloraba, hablaba con Dios y le decía: "Y ahora, ¿qué vas a hacer?"

En mi manera de hablar con Dios, suelo explicarle la situación y repasar con Él, haciéndole ver lo difícil de todo. ¡Como si Él no lo supiera! En retrospectiva, era obvio que la sorprendida era yo y no Él.

Tuve toda la libertad de llorar y desahogarme, lo cual era importante, y al mismo tiempo recibir el consuelo de mi familia que me acompañaba y sentir en mi corazón el consuelo al pensar que Dios lo haría posible. A mi mente vino este pensamiento: "Voy a mover corazones y gente a tu favor".

Con palabras lloré: *Lágrimas que van sin prisa.*

Un suspiro de añoranzas que no me caben en el pecho. Unas lágrimas que van sin prisa, muy diferentes a la vida. ¡Qué traviesa, que se me ha ido jugueteando tan rápido!

Si cada palpitar del corazón saliera en forma de palabras, me pregunto ¿qué diría?

Es una mezcla; es un cóctel de sensaciones; salpican colores, amaneceres, sueños completos y otros que no se dibujaron en su totalidad.

La fragilidad de la vida me acorrala en un rincón, pero cuando levanto mi mirada, se abre un mundo de posibilidades, sin paredes, ni limitaciones.

Solo Dios expande todo dentro de mí, para no sucumbir a lo mucho que extraño, a los vivos, a los muertos, a los hubieras, a los quisieras.

Afrontas de golpe las decisiones, estás parada frente a esta realidad. Solo queda el futuro, el pasado ya no es más.

Un suspiro que ya no ahoga, pues se cambió en esperanza.

Respiro, vivo y confío. ¡Mañana será un mejor día!

Q<small>UE TU AMOR SE NOTE</small>

> El testimonio más grande viene del
> carácter formado por el amor de Jesús y
> demostrado consistentemente por medio
> de acciones ordinarias.
> – Mark Labberton

E l viaje exploratorio a Medellín había sido un éxito. Sentí que mi amiga y yo éramos las dos espías explorando la tierra prometida y regresando con las buenas noticias a California para planificar nuestra conquista. Es verdad que habíamos encontrado gigantes en la tierra que debíamos superar, pero sabíamos que el respaldo de Dios estaba de mi lado.

Te confieso que de regreso no pensé tanto en las promesas, sino que me la pasé pensando en los gigantes. La lista de obstáculos para superar era bastante sustanciosa, siendo la principal de carácter económico. El costo de la cirugía era muy alto y había que cancelarlo en su totalidad para que me pusieran en lista de espera. Era pleno diciembre y no se me ocurría de qué manera lograríamos recaudar todo el dinero, ni vendiendo nuestras pocas posesiones llegaríamos a reunir esa suma. Además, la gente acababa de hacer sus compras navideñas y seguro no podrían colaborar.

Había muchas preguntas a las que no teníamos respuestas concretas. Había que actuar rápido, pero el tiempo era un eminente enemigo. Uno de los doctores quería que me quedara de una vez en Colombia para iniciar el proceso y que no regresara a los Estados Unidos. "¡Imposible!", pensé: los espías de la Biblia no se quedaron en la tierra prometida. Así que regresamos a California.

Solos no podemos

Cuando tenía la edad de diez años, en Venezuela, fui invitada a un club. Una amiga de mi mamá amable-mente quiso que disfrutara de la piscina y de todas las atracciones del lugar. Recuerdo quedarme viendo el parque, preguntándome con quién podría jugar, porque no había nadie conocido para mí: solo una niña que se mecía en los columpios. En realidad, moría de miedo de ser rechazada; la timidez me pesaba como un abrigo grueso que no me dejaba moverme fácilmente, pero era eso o morir del aburrimiento. Así que tomé el riesgo, caminé hacia el columpio y me acerqué a esta niña diciéndole: "¿quieres ser mi amiga?" Un riesgo que no he dejado de tomar con los años.

Valoro la amistad. Amo estar cerca de las personas, conocerlas, brindarles mi apoyo y recibir también la bendición de contar con ellos de manera íntima. Hay relaciones que son esenciales en nuestro crecimiento humano; es un mundo que he descubierto y que me ha brindado grandes momentos de satisfacción. Entiendo que, para muchos, establecer relaciones profundas es un riesgo, pero creo con firmeza que en la verdadera amistad hay propósitos de Dios que se cumplen. De manera que tu tiempo para establecer buenas relaciones de amistad es ya.

Tú dirás: ¡me parece bonito! ¡qué especial! Pero no creas que estoy describiendo esto sin intención. Tengo un punto importante: Dios usa las relaciones cercanas.

Esos amigos y hermanos en la fe se convirtieron en la comunidad que nos brindaría su apoyo y amor incondicional a lo largo de nuestra travesía. Fui muy afortunada de tener relaciones significativas, de haber podido ver lo mejor de las personas y bendecirlas generosamente. Por muchos años tomé el riesgo de brindarles mi amistad. Y créeme: esas amistades significaron mucho en los momentos más difíciles de mi vida. Ellos pusieron sus vidas: su tiempo, su talento, y su tesoro, por mí.

> "En esto conocemos el amor de Dios, en que Él puso su vida por nosotros; también nosotros debemos poner nuestras vidas por los hermanos".
>
> 1 Juan 3:16.

Muchos de nuestros amigos y hermanos en la fe tomaron la iniciativa de organizarse para ser parte de la solución. Estábamos tan metidos en nuestra situación que no alcanzábamos a pensar con claridad. Por eso ellos se prepararon de manera sistemática para realizar actividades de recaudación de fondos para la cirugía en Colombia. Una serie de acciones ordinarias para juntos lograr lo extraordinario.

Al día siguiente de regresar de Medellín, Vladimir dijo: "no es mucho lo que sé hacer, pero puede crear un sitio web". Así que se puso a trabajar en un sitio web que estuvo listo, con logotipo, esquema de colores y conectado con una plataforma de recolección de donativos, en cuatro horas. El sitio, *Ivonne's Fund* (https://

ivonnes.fund), se convertiría en el centro en torno al cual girarían todas las comunicaciones y actividades de recaudación.

La serie de actividades comenzó con una venta de garaje, en la cual muchas amistades donaron cosas para vender, pero al poco tiempo esa misma actividad desencadenó un interés contagioso por querer ayudar. A cada actividad se sumaban más y más personas a la causa, familias enteras sacrificaron sus fines de semana, jóvenes y niños buscaban colaborar con sus padres y hacer cada encuentro más entretenido y ligero. No tienes idea de cómo fluyó la creatividad. Su entrega fue incondicional, manifestando un compromiso de amor hacia Dios primero y por ende hacia nosotros.

Cuando ocurre un movimiento de amor como este, el Espíritu Santo de Dios se mueve de manera sobrenatural. Personas que nunca me conocieron se sumaron a ayudar, vecinos, compañeros de trabajo, personas de otros países, tantos que no me atrevo a dar nombres porque no me gustaría dejar a nadie por fuera. Nunca sabremos los nombres de todas las personas que colaboraron en esta gran batalla de amor en contra de la enfermedad que me estaba consumiendo, pero Dios que lo ve y sabe todo les recompensará grandemente.

Tanto amor era abrumador, no podía creer lo que estaba viviendo, solo sé que me fortalecía día a día al ver la fidelidad de Dios manifiesta en sus acciones. Tales eran sus gestos desinteresados que retaron mi vida y la de mi familia para siempre.

> "El amor se parece a algo."
>
> Heidi Baker.

Ama de tal manera que se pueda ver

Tuve la oportunidad de asistir a esa primera venta de garaje llena de milagros. Muchos conocidos habían venido a ayudar. Toda una movilización de gente guerrera se sumó para levantarse conmigo en contra de la enfermedad. Se veían mesas armadas con diferentes artículos, toldos, sillas, y hasta un asador humeante listo para vender tacos al lado de una gran olla de pozole. Muchos desconocidos se acercaron, ya sea porque estaban de cacería de tesoros de garaje o porque vieron los anuncios locales publicados por mi esposo en las redes sociales.

Entre tantas personas que se acercaron a saludar ese día, estaba una mujer que acababa de bajar unas cosas de su carro para venderlas. Me saludó con lágrimas en los ojos. Caminaba admirada entre las muchas personas moviéndose en frente de la casa. Yo me encontraba débil, sentada en una silla reclinable, y desde ahí la seguí con la mirada.

Vladimir estaba tratando de ordenar todo lo que la gente traía para la venta cuando la mujer se le acercó sollozando con los ojos cargados de lágrimas. Lloraba como una niña, de manera que mi esposo le preguntó preocupado si le había pasado algo. Ella, tratando de recuperar su compostura, alcanzó a abrazarlo y a decirle: "¡Aquí se ve tanto amor!"

¿Qué fue lo que ella vio? Nadie profirió palabra, ninguna persona se le acercó a explicarle cuál era el motivo, no era explícita la relación de hermandad y amistad que nos entrelazaba. Ella solo lo vio con sus propios ojos. Era un milagro de amor tomando forma aquella tarde.

¿De qué manera vivimos y decimos amar a otros? Si este amor no tiene una acción que lo respalde, está incompleto. Mucha gente puede dar sin amor, pero no podemos amar sin dar. El dar tiene un sinnúmero de colores, formas, tonos, sabores.

Pienso especialmente en una joven artista a quien se le ocurrió pintar unos lienzos con paisajes y siluetas para una subasta por Facebook y donar el dinero de su venta a la causa de mi cirugía. De su talento ofreció lo mejor para mí. Pienso también en mi amigo que prometió ponerse *leggins* de flores en nuestros eventos si alcanzábamos a vender cien piezas en dos semanas. De hecho, terminó vistiéndose con peluca de afro, *bling bling* y ropa extravagante para anunciar nuestros eventos, una especie de mascota de promoción. O de mi amiga que recopiló bolsas de ropa usada en su casa para venderlas por bulto a una recicladora de telas. Incomodó el espacio en la sala de su hogar para sumar un poco más.

Es ahí donde viene la mejor parte. Eso poco que das, Dios lo multiplica con creces. Ningún gesto de amor o de entrega es poco para Él. En manos de Dios todo es bendecido y se multiplica.

Tengo impregnada la sensación en el alma de tanto amor; todas esas personas dando lo mejor de sí por meses enteros, amistades alrededor del mundo, iniciativas increíbles, tanta creatividad. En momentos de profundo dolor y decaimiento escuchaba las buenas noticias y sentía cómo a pesar de todo lo que estaba pasando se me dibujaba una gran sonrisa en el rostro. ¿Puede alguien en su vida experimentar tanto amor? No lo sé, soy privilegiada y bendecida por tenerlos a ellos, gente sensible y dispuesta a dar.

El reto para mi familia y para mí misma era amar a este nivel, con un corazón libre. Así como Dios nos ha amado, bien dice la Biblia, porque de tal manera amó Dios que entregó a su hijo unigénito, para que todo aquel que en Él crea no se pierda, sino que tenga vida eterna (Juan 3:16).

Repito de manera intencional "de tal manera amó, que dio". ¿Cuánto estás dispuesto a dar? ¿Cuánto estás dispuesto a amar? ¿Estás dispuesto a ceder tu talento, pasar vergüenza o incomodarte por amor? Deja que tu amor se note. Nuestro amor debe ser visible de la misma forma que Dios lo ha hecho con nosotros. Se siente bien amar a alguien, pero más que un sentimiento, el amor es una decisión que va acompañada de una acción. En los tiempos egoístas que vivimos, en los que el yo se ha exaltado y promovido sobremanera, es un desafío para cada uno de nosotros amar y bendecir a otros con liberalidad. Amar con compromiso y determinación, aun por encima de las necesidades de nuestro ego.

> "El amor es amistad encendida en fuego. Es entendimiento quieto, confianza mutua, compartir y perdonar. Es lealtad en tiempos buenos y malos. Se conforma con menos que la perfección y pasa por alto las debilidades humanas".
>
> Ann Landers.

Equipaje de esperanza

El tiempo corría y yo debía viajar a Medellín cuanto antes. En mi corazón albergaba el deseo de que mi esposo, que para ese momento trabajaba en la gerencia informática para una universidad en Los Ángeles, pudiera viajar conmigo a Colombia. En una conversación a puerta cerrada, ante los peros y problemas que se levantaban como un obstáculo, le dije estas palabras: "te quiero conmigo en este viaje. Tú solo dime que estás conmigo en todo y Dios va a hacer el resto".

Dios tiene sus formas de operar. Yo tenía la convicción de que lo único que necesitábamos hacer era pedir. A lo mejor estábamos arriesgando la cabeza, pero valía la pena. Toca la puerta con fe y Dios puede sorprenderte al otro lado al abrirla. Una reunión de mi esposo con su jefe nos puso en ese lugar de gracia y favor. Después de explicar la situación, su jefe le preguntó: "¿Exactamente qué quieres que haga por ti?"

Las mejores condiciones y más fueron las que nos acompañaron para poder residir en Colombia el tiempo necesario: la universidad le permitió a Vladimir ajustar su horario, trabajar de forma remota durante un año entero (algo que en esa época era poco común) y tomar una plaza de menos responsabilidad por el mismo salario, incluso con días libres para cuando surgiera la cirugía; además, un amigo muy querido de mi esposo accedió a tomar su cargo de gerencia para él poder ausentarse con tranquilidad. Estábamos con la boca abierta y el corazón inundado de agradecimiento.

Después de tomar muchas decisiones y ver cada obstáculo derretirse como mantequilla, viajamos a Medellín en el mes de febrero, con la maleta más sencilla que he hecho en mi vida: algunos cambios de ropa, un portarretrato digital, y un equipaje de esperanza y fe incalculables. Menos mal que esta parte del equipaje fue indetectable, si no, imagina por un momento el monto de sobrepeso que nos hubiese tocado pagar.

Tampoco quería cargar con el sobrepeso de la incertidumbre o el temor a lo desconocido. Mis caminos con seguridad no serían mejor que los de Dios.

> "«Porque mis pensamientos no son los de ustedes ni sus caminos son los míos», afirma el Señor".
>
> Isaías 55:8.

En mi maleta tampoco cupieron mis propios planes. Para ese momento había entendido que dependía completamente del Dios soberano del Universo. Por eso, a Él le *Rendí mi agenda.*

¿Cuál es mi misión? ¿Dónde está mi propósito? ¿Qué quieres para mí? ¿Qué trae el mañana?

¿Cómo veré cumplidas en mí tus promesas?

Mi vida dio un cambio. Rendí mi agenda y mi ansiedad; las cambié por contemplarte y conocerte.

Rendí mi agenda a cambio de largos paseos y conversaciones profundas; afinando mi oído para escucharte, a veces entre risas y momentos donde no necesitaba decir nada.

Rendí mi agenda cuando entendí que traía deleite en aprender a SER en lugar de mucho HACER.

Rendí mi agenda para tomarme el tiempo de construir las bases de un corazón libre de glorias personales, o de esfuerzos humanos.

Rendí mi agenda de querer complacer las expectativas de otros a cambio de la aprobación de Uno solo.

Y entonces ahí, con mi agenda en la cruz, resucitaron en mí tus sueños, tus anhelos, tu poder manifiesto en la vida de otros. A causa de mi amor por ti, de tu amor por mí, de tu plan.

Mi agenda es tuya, mi vida es tuya, sin reservas...

SANADA A TRAVÉS DEL AMOR

> El amor es la fuerza más humilde, pero la más poderosa de que el mundo dispone.
> – Mahatma Gandhi

Al llegar a Medellín recibimos la llamada de un pastor, cuñado de un buen amigo, que nos comentó que habíamos sido recomendados por tres familias de diferentes lugares, para que nos dieran apoyo y nos cobijaran. Cuando cayó en cuenta de que tres personas diferentes que no se conocían entre sí le habían pedido casi al unísono que hiciera esto por nosotros, dijo: "yo mejor llamo a esta familia inmediatamente".

Tuvimos en él a un gran aliado. El pastor nos acompañó durante toda la espera de la operación, estuvo pendiente de nosotros a cada momento, nos presentó a su iglesia, que fue el lugar donde estuvimos congregándonos durante la estadía en Medellín, y nos dio su oración sanadora diariamente. Cuánta gracia y favor recibimos de Dios, que aun personas desconocidas nos arroparon en un tiempo tan difícil. Recibir todo esto de manera inesperada, casi misteriosa, era una muestra de la gracia infinita de Dios.

A esta iglesia Dios le entregó las llaves de mi trasplante la noche anterior. Durante el servicio semanal de oración, oraron con intensidad para que Dios proveyera el donante y, con compasión, consuelo porque eso significaría la pérdida de alguna familia.

Y seguirían sucediendo coincidencias maravillosas.

Por esos días, mi amiga Yeny viajó a Canadá y se encontró con una vieja compañera de la escuela. "Ella es mi amiga que está enferma", le dijo, mostrándole una foto mía. No nos conocíamos y no había manera de que supiera todo lo que había sucedido hasta el momento, pero lo que aquella compañera le respondió fue suficiente para confirmar el milagro que estaba pasando en mi vida:

"Ella va a ser sanada a través del amor de otros".

Y tenía razón, porque eso era lo que mis amigos en California estaban demostrándome a toda voz: el amor tiene un poder sanador ilimitado.

Imparables

El trabajo en California fue incesante y continuó por varios meses. Diez familias, a quienes yo llamo Los Imparables, fueron la columna vertebral de este movimiento de recaudación de fondos para mi operación. Nuestros amigos, conocidos y muchos otros que seguían sumándose no paraban de trabajar. Durante todos los fines de semana se reunían a hacer ventas de garaje y actividades culturales que comenzaron a atraer a familias enteras con sus hijos y también a desconocidos.

Al principio vendían platos típicos latinoamericanos, como el pozole mexicano y las baleadas hondureñas, pero después volaron en ideas e imaginación: organizaron más subastas de arte; noche de salsa, con clases de baile incluidas; una parrillada masiva con una patota de motorizados; vendieron rifas de entradas a *Disneyland*; se turnaron las casas con las ventas de garaje para alcanzar a nuevas personas usando franelas anaranjadas que mandaron a imprimir con mi nombre y mi rostro; hicieron que un boxeador profesional promocionara nuestros esfuerzos; y lograron recibir donaciones espontáneas de desconocidos. Además, repartieron panfletos y tarjetas con instrucciones para donar por todas partes. Fue un movimiento de amor que contagió a mucha gente.

Recuerdo este grupo de mujeres transeúntes que se pararon a saludar en una de las ventas de garaje y a preguntar a qué se debía tanta alaraca. Mi historia encontró eco en sus corazones solidarios. Al indagar sobre su propósito, revelaron una conmovedora tradición: durante todo el año recolectaban dinero destinado a obras benéficas, y llegado diciembre, buscaban a una familia especial o una causa merecedora para otorgárselo, pero en esas navidades pasadas no habían encontrado a nadie. ¡Impresionante! Pensé, ¿cómo es que no encontraron a una familia en necesidad en las navidades? Se fueron y regresaron para donar el recaudo completo en un sobre. Dios tiene sentido del humor, aquí había alguien que podía colaborar porque no había gastado el donativo navideño.

Acompañando el gesto generoso, me hicieron llegar una carta llena de palabras afectuosas y mensajes de ánimo, una nota de aliento que se convirtió en un bálsamo para el alma. Fue un encuentro fortuito, en el cual varias vidas se entrelazaron de maneras inesperadas, revelando la belleza de la solidaridad y la compasión. Esa fue una de las muestras más valiosas que tuve de la expansión del movimiento por mí.

Y faltaba más por venir. Personas con mucha influencia en el mundo de la música cristiana, como Daniel Calveti y Danilo Montero, grabaron videos en sus redes sociales. A Vladimir lo entrevistaron en dos estaciones de radio angelinas, en CNN en español y en varios periódicos. Una amiga de mi hija hizo una campaña en *Go Fund Me* que logró recolectar una importante cantidad de dinero en poco tiempo.

La iglesia El Sembrador, junto con sus pastores, dispuso de una cuenta bancaria para que la gente que quisiera donar dentro de Estados Unidos no tuviera que pagar impuestos y su administrador se convirtió en el tesorero de la iniciativa. De hecho, la iglesia fue la que pagó por la cirugía con una transferencia internacional a la cuenta del hospital.

En ningún momento nos sentimos solos. Todo estaba dispuesto para la victoria.

Aún hoy lo repito con gratitud: es admirable la forma en que se organizaron inicialmente estas diez familias. Entre ellos mismos bromeaban, pues en las primeras ventas de garaje se compraban las cosas los unos a los otros, en Estados Unidos dicen: "La basura de uno es el tesoro de otro." El verdadero tesoro fue que mantuvieron su voluntad en alto y lograron resultados extraordinarios. Su gran amor y la fe de que iban a conseguir la suma necesaria para mi operación no era cosa fácil de imitar. De vez en cuando veía alguna foto o me enviaban videos de las actividades, me contaban de las donaciones de desconocidos y de la disposición de cientos de personas a ayudar en cada evento, gestos que siempre fueron una enorme fuente de ánimo en aquellos días de desconcierto.

Apaga y vámonos

Vladimir viajó solo conmigo a Medellín en un primer viaje para dejarme instalada. Lo ideal era que pudiésemos rentar un apartamento con las condiciones de accesibilidad que yo necesitaría, y para ello teníamos solo seis días. También debíamos ubicar un centro de diálisis en la ciudad porque yo no podía brincarme ni una diálisis en toda la transición. Seis días para rentar apartamento, hacerme las tres diálisis obligatorias de la semana y asistir a las citas médicas para planear el proceso. La mano de Dios otra vez se manifestó con su providencia extraordinaria y puso cada cosa en su lugar para cumplir con nuestro objetivo.

Con los contactos de mi hermana ya en Medellín trabajamos con una inmobiliaria local, la cual nos tenía una lista de apartamentos para escoger. Estuvimos dos días recorriendo la ciudad para tomar la mejor opción.

Ya para este entonces había perdido casi toda movilidad independiente y me tenían que llevar en silla de rueda para todos lados. Imagínate las múltiples escenas de estar recorriendo varios puntos de la montañosa ciudad en taxi con una persona enferma en silla de ruedas en dos días. En la ciudad, los taxis tienden a ser pequeños, así que teníamos que escoger aquellos donde la silla cupiera en la maleta.

Allí fue cuando descubrí la amabilidad y la buena voluntad tan auténticas y características del paisa – así se les dice a los pobladores del departamento de Antioquia, de la cual Medellín es la capital.

En una ocasión, tomando un taxi en medio de una avenida muy transitada y deteniendo el tránsito, se bajó una muchacha del carro, me ayudó a salir de la silla y a sentarme en el carro, dobló la silla de rueda según mis indicaciones, la puso en la maleta, y con una sonrisa me despidió deseándome lo mejor. Fue tan especial el gesto que le pregunté al taxista si ella era su hija o algo así, pero el taxista me aclaró que era simplemente otra pasajera más. Estas acciones de bondad se repitieron con naturalidad.

Una vez que rentamos el apartamento completamente amueblado sin saber por cuanto tiempo íbamos a estar allí nos dedicamos a conseguir la clínica de diálisis para conectarme sin demora a mi riñón artificial alemán con mi técnico paisa.

Vladimir debía regresar a Los Ángeles para entregar el apartamento y organizar detalles con su trabajo y con la escuela de Natasha para que ambos pudiesen trabajar y estudiar de forma remota, respectivamente. Para ello Ruth, mi cuñada (la hermana de Vladimir), ofreció acompañarme el tiempo que fuese necesario hasta que regresara conmigo, pero con Natasha. El sábado de esa semana, cuando llegó mi cuñada, se vieron, se abrazaron, le dio instrucciones de mi cuidado, y partió rumbo a Los Ángeles.

Mi cuñada dormía conmigo por si acaso necesitaba algo durante las largas noches. Con mucha dedicación cuidó de mí. Me llevó a mis citas y caprichos empujando esa silla de rueda por las aceras estrechas y rotas de la ciudad, porque eso sí, ninguna enfermedad me quitaría mis ganas de vivir ni mi deseo de explorar el mundo; pata de perro hasta el fin, o debería decir de ese tiempo, rueda de perro... ¡qué sé yo!

Mientras tanto, Los Imparables esperaban a Vladimir para recibir noticias e instrucciones. "¡Apaga y vámonos!", les dijo al llegar. Debían desmontar nuestro apartamento para mudar todo a una bodega, pero nunca le dejaron solo. Todos llegaron con alegría, café – muy importante, desayuno y listos para la mudanza. El plan estaba en marcha y nada les iba a detener. Así empacaron mi vida, representada con los muchos chécheres que uno acumula al paso de los años, en un *SelfStorage* del tamaño de un contenedor. En los próximos meses descubriría que nada de eso me haría falta.

Aprendí que, cuando tu vida pende de un hilo, las cosas materiales pasan a un segundo... ¡qué digo un segundo!, un tercer, un cuarto y hasta ningún plano. Aprendí que tus recuerdos viajan contigo a donde quiera que vayas. Aprendí que quien tu eres en Dios también se mete en tu equipaje de viajero y puedes cumplir tus propósitos donde quiera que estés. Puede que estés en el desierto o en la Tierra Prometida, pero, si Dios está contigo, ¿quién dijo miedo?

"¿Qué diremos frente a esto? Si Dios está de nuestra parte, ¿quién puede estar en contra nuestra?"

Romanos 8:31.

Yo sufría mi desierto en mi Tierra Prometida al mismo tiempo, pero Dios es Imparable. El comandante de las huestes celestiales también era el jefe de mi ejército personal.

¿Quién es tu adalid?

Debo hacer una mención especial de mi amigo Josué. Josué es un hombre sencillo, de corazón humilde, quien sin mucha fanfarria ni buya trabajó como una hormiguita de manera incansable para llegar a nuestra meta. Sin que nadie lo sugiriera, tomó el liderazgo de Los Imparables para coordinar todos los esfuerzos que se estaban haciendo.

El costo de la cirugía estaba estimado en 132 mil dólares norteamericanos y fue el quien inicialmente sugirió que recaudásemos la suma de 180 mil en tres meses. De esta manera, me dijo: "podremos cubrir la cirugía y todos tus demás gastos médicos mientras que estés en Medellín".

Nos enseñó que, como en otras áreas de la vida, si no teníamos una meta clara, concisa, medible, alcanzable y ajustada a un tiempo determinado, no iba a suceder. Así que animó a las tropas con esa bandera en alto: 180K.

Se involucró de todo corazón y comprometió muchas horas de sueño para organizar gran parte de los eventos. Como muchos otros querían colaborar, se convirtió en un centro de operaciones y pronto delegó ciertas libertades para que otros grupos de colaboradores hicieran sus propios eventos. Sin planearlo, y tal vez sin quererlo tanto, se convirtió en jefe de campaña, aunque nadie le otorgara un título oficial.

> "El liderazgo es evidente cuando la crisis médica de una persona es defendida por un amigo que lleva a otros a unirse en su apoyo durante todo el tratamiento".
>
> Mark Labberton, *Called.*

Poco a poco fue dirigiendo a todos quienes trabajaban por igual, hombro a hombro. Fueron meses de mucho sacrificio. En alguna ocasión me dijo que llevaba muchos fines de semana sin hacer otra cosa más que actividades de recaudación.

Pero no paraba. Su perseverancia es un ejemplo para mí hasta el día de hoy. Aún me inspira. Él se convirtió en nuestro campeón, y reflexionando en esto debo preguntarte: ¿Quién es tu adalid? ¿Quién es ese amigo o amiga que está contigo para las que salgan? *Si encuentras un verdadero amigo...*

Amigos... los hay de todo tipo, tamaños y colores.

Están a quienes ves ocasionalmente pero cuando los encuentras los disfrutas.

Hay aquellos que están a la distancia, pero sabes que aun así cuentas con ellos de manera incondicional, y cuando se ven conectan como siempre sin reservas;

Y tienes a los sociales, los encuentras en las reuniones la pasas bien y aprecias el momento, sólo necesitas la próxima reunión para disfrutarlos.

Existen aquellos que comparten tu día a día, quienes con un gesto o mirada ya saben lo que está pasando, quienes no te hacen sentir inoportuna, aguantan tus salidas, te conocen y te aman tal cual eres.

Aquellos para quienes tus días nublados y alegres son importantes de igual manera, quienes son consistentes e invierten en la relación; entienden que la base de la amistad es el respeto y la honestidad.

Aquellos quienes te pueden confrontar en tus errores con amor y al mismo tiempo celebrar tus aciertos, te dan el espacio para hablar y saber qué está pasando en tu "loca vida".

Vivimos en un mundo ocupado, pero si encuentras un verdadero amigo, cuídalo y presérvalo.

En la espera

> La esperanza es como el sol, que arroja
> todas las sombras detrás de nosotros.
> – Samuel Smiles

E l tiempo pasaba en cámara lenta. La espera también parecía tener un propósito transformador, puesto que no podíamos planear nada, teníamos que aprender a soltarlo todo. La gente preguntaba: ¿cuándo te operan? No sé. ¿Cuánto tiempo será tu estadía en Colombia? Lo desconozco. ¿Cuándo regresan? Solo Dios sabe.

Para alguien a quien le gusta tener las cosas planeadas en agenda y evitar el caos a toda costa, esto era un reto mayor. Sin embargo, ya sabes que yo estaba con el corazón en una postura de rendición absoluta, nada traía más descanso y deleite que saber que Dios estaba a cargo de todo eso que yo no podía anticipar. Afortunadamente, tenía mucho tiempo para pensar y poner el alma en orden, alternando días angustiosos y otros acompañados de una calma que nos hacían olvidar por un momento lo que estábamos viviendo.

Mientras tanto, mi deterioro físico avanzaba a pasos agigantados. Cada día, mi movilidad disminuía debido al peso que se acumulaba en mi abdomen y a la creciente dificultad para caminar. Los quistes, desafiando los diagnósticos, se expandían sin restricciones, ocupando un espacio cada vez más amplio en mi cuerpo. Dependía cada vez más de mi silla de ruedas para desplazarme.

La carga era abrumadora. Tenía que hacerme un sinfín de exámenes y debía someterme regularmente a agotadoras sesiones de diálisis, que eran de cuatro horas cada una, tres veces por semana. Además, cada paso en la rutina diaria era un desafío, ya que el fluido en mi abdomen hacía todo más difícil. Experimentaba vómitos constantes, era incapaz de ingerir alimentos y no podía conciliar el sueño. La ducha se convertía en una tarea titánica, mientras los dolores en mi columna vertebral aumentaban, afectando incluso mis huesos, víctimas de la desproporción entre mi cuerpo, ahora tan débil y delgado, y el abdomen abultado, que simulaba mi embarazo de quintillizos.

Experimenté una intensa ansiedad mientras la espera se prolongaba de manera que parecía interminable. Anhelaba que el trasplante se llevara a cabo lo más pronto posible. Una vez, en un ataque de ansiedad, intenté arrancarme la aguja de la fístula de mi brazo. El componente emocional de esos días angustiantes y el deseo de escapar de la silla, complicaban el tratamiento de la diálisis. Fue gracias a mi cuñada, que con amor y firmeza me contuvo, que el escenario no terminó en una verdadera catástrofe. Sin embargo, el procedimiento de la diálisis tuvo que detenerse repentinamente, ya que no la estaba tolerando correctamente, lo que implicaba que debían extraer más líquido.

Para cada dolor un milagro

La solución más viable para esta situación, que se había vuelto tan insostenible, era drenar el líquido directamente del abdomen. Esta era solo una medida de alivio temporal porque pronto se llenarían de fluidos otra vez. De todas maneras, hicimos los arreglos necesarios para entrar por emergencias. Es cierto que ya me habían hecho muchas cosas, pero estaba aterrada. Las palabras de los doctores fueron: "Vamos a introducir una aguja en tu abdomen para poder extraer el fluido", a lo que yo pregunté: "¿Con anestesia?" "No. Solo será local".

Me llené de pánico. ¿Qué tan grande iba a ser la aguja? ¿Cómo se iba a sentir ese pinchazo? ¿Sería suficiente la anestesia? Estando allí en esa cama de urgencias, sola porque no dejaron entrar a Vladimir, pensaba en el nuevo dolor que iba a enfrentar, un dolor más entre cientos. Mientras mandaba mensajes de texto a mis amigos pidiendo que oraran por mí, entró una llamada del cielo. Un amigo pastor de Texas quería saber cómo estábamos y cómo podía ayudarnos. Sus palabras cayeron como anillo al dedo. Justo en ese instante perfecto oró por mí para auxiliarme y toda mi ansiedad se derritió como mantequilla.

Para cada momento Dios trae el ánimo, la palabra, la llamada oportuna. Dentro del cuidado del Padre a mi vida recibí el ánimo que necesitaba. Esa fue una de las muchas muestras de su bondad.

¡Cuan bueno es Dios! Siempre tan cerca.

> "El Señor está cerca de los quebrantados de co-
> razón, y salva a los de espíritu abatido".
>
> Salmos 34:18.

Me sacaron 18 litros de fluido y perdí 14 libras de peso. El doctor que realizó el procedimiento me dijo: "Señora, nunca había sacado tanto líquido de ningún paciente, usted batió récord," a lo que jocosamente contesté: "Entonces usted debería tener una foto mía en la pared con una placa de reconocimiento". Un poco de humor nunca estaba de más.

Mi único consuelo lo encontraba en la presencia de Dios y en mis conversaciones diarias con Jesús. Esta práctica se volvía mi refugio, una herramienta esencial para atravesar cada día, enfrentándome a lo desconocido. Además, en medio de este torbellino emocional, descubrí prácticas terapéuticas inesperadas, como el arte de colorear, que se convirtió en un bálsamo para mi alma. El contar con el invaluable apoyo de mi familia, la presencia de mi cuñada, mi suegra, mi mamá, mi hermana y mi sobrino, me brindó una fortaleza inigualable. Durante este tiempo de espera, la compañía constante de mis seres queridos, aunado al temperamento cariñoso, servicial y cálido de la gente de Medellín, se convirtieron en pilares fundamentales, proporcionándome la fuerza necesaria para enfrentar este desafío.

Cuatro meses desde de mi visita exploratoria, el 1 de marzo de 2017 llegó, por fin, el día esperado: después de varias semanas realizándome numerosas pruebas, entre ellas la prueba genética, de sangre y tipo de tejido, que es la que ayuda a los especialistas a identificar a tu donante adecuado cuando lleguen los órganos, entré a la lista de espera de trasplante en el Hospital Pablo Tobón Uribe. Se había pagado el total de 128 mil quinientos dólares, la suma completa, lo que significaba que ya tenía todo lo requerido para poder ingresar a la lista.

Ese día sentí un gran alivio y fue motivo de celebración. Los esfuerzos de recaudación de fondo habían dado resultado, culminando con el depósito del monto total del doble trasplante, hígado y riñón. Dios proveyó cada centavo para pagarle por adelantado al hospital.

Estoy hablando del logro de un equipo maravilloso, más sus familias, más sus amigos, más conocidos y desconocidos, los de otras ciudades, países, gente que a lo mejor nunca tendré cara a cara para agradecer, muchas personas que Dios movió a nuestro favor para poder reunir esa suma. Un milagro entre tantos, una secuencia de eventos afortunados, una muestra de la fidelidad de Dios y su cuidado para con nosotros. Para cada dolor un milagro. Recordé lo que dijo esa la amiga de Yeny al ver mi foto en ese tiempo de intenso sufrimiento: "ella va a ser sanada por el amor" y así mismo estaba sucediendo.

Inolvidables 49

Cada vez que iba al hospital para mi diálisis de rutina, solía disfrutar de las conversaciones con mis vecinos, convirtiendo ese momento en algo más llevadero. Sin embargo, este día en particular me encontré en una sala sin nadie alrededor, lo que provocó un sentimiento de tristeza y pensamientos desalentadores. Comencé a sumergirme en un estado de auto conmiseración, lamentando la tristeza de pasar mi cumpleaños de esa manera.

Antes de seguir hundiéndome en esa espiral emocional, reaccioné. Creo que fue un despertar divino que me sacudió, y me dijo: ¡No! Este no es el camino. Así que, con la mano libre, tomé mi celular y comencé a hacer un recuento de mi vida desde que tengo memoria, agradeciendo todo lo aprendido a lo largo de los años.

En el momento en que decidí expresar gratitud y repasar mi vida desde mis primeros recuerdos, sentí cómo la fortaleza y la alegría fluían en mí. Me di cuenta de que era una mujer tremendamente bendecida, con una vida maravillosa. ¿Cómo podía victimizarme? Había comenzado a victimizarme en esa silla, pero cuando terminé la diálisis, la Ivonne que se sentó tres horas y media antes se levantó transformada. Aprendí el poder de la gratitud.

Bien lo dice Dios en su palabra: "Dando siempre gracias a Dios el Padre por todo" (Efesios 5:20). El agradecer cambia completamente la atmósfera donde nos encontramos, nos coloca en una plataforma donde todo lo que tenemos nos hace sentir bendecidos y no nos quedamos viendo aquello de lo que carecemos. Si hubiese tenido un medidor de gozo me habría dado cuenta de cómo estaba alcanzando el número más alto.

El agradecer también se centra en Aquel que es capaz de hacer todas las cosas posibles, no en nuestras limitadas capacidades, es la puerta para alabar con un corazón, con una mente y un cuerpo que sabe, que sabe que no importa que traiga el mañana, Dios no te va a dejar.

Salí del tratamiento con una sonrisa, pero también exhausta. Estando en el apartamento en Medellín y acostada en mi cama, ya de noche, recibí una llamada de Marisol, una de mis mejores amigas, felicitándome. Poco a poco, personas comenzaron a acercarse a la videollamada. Toda la gente que se había congregado en una de las noches de salsa: "Baila por una causa" en California, muchas de ellas desconocidas para mí, se reunieron y me cantaron el cumpleaños. La sorpresa fue inmensa. Nunca imaginé que todos estarían en este evento cantando cumpleaños a todo pulmón, celebrando mi vida.

Cuánta misericordia, cuánto favor, para que todas esas personas esa noche me regalaran ese inmenso gesto de vida. Dios selló con broche de oro mi día, otorgándome el mejor regalo de cumpleaños posible.

Un *selfie* sonrientes

Cinco días después sucedería un nuevo milagro: Alrededor de las cuatro de la madrugada, mientras intentaba conciliar el sueño con el cuidado de no expulsar la poca comida que había ingerido, escuché a mi esposo en el pasillo: "si claro ahí estaremos en el cuarto piso".

Mi corazón empezó a latir rápidamente, tenía una mezcla de nervios y alegría, las manos me temblaban mientras trataba de tocar los números y hacer las llamadas importantes. El donante para el trasplante había llegado.

Hablé con mi mamá y hermanos, llamé a mi amilia en Medellín e insistí en comunicarme con Johanna, mi hija mayor que se encontraba en Los Ángeles. También llamé a Marisol y a su esposo Josué y les pedí que les avisaran a todos que oraran porque el tan anhelado día había llegado.

Con la ayuda de Vladimir me vestí y salimos rumbo al hospital. Al llegar estaban mi hermana Teresita y mi sobrino Manuel, quienes llegaron a darnos todo el apoyo. Me pidieron bañarme con un jabón iodado especial, me colocaron una bata y me pusieron una vía.

Mientras Vladimir estaba en la cabecera de la cama y se veía tan movido como yo. Nos tomamos un *selfie* sonrientes. Y allí empezó a inundarme una paz que nunca he sentido con tanta fuerza, una calma, una seguridad que tenía una sola razón: todo el camino hasta este punto había sido ya preparado por Dios desde el primer día de mi diagnóstico. Mis altibajos emocionales, mis frustraciones, mis reclamos, mi autoestima golpeada, mi voluntad entregada, mi proceso de confianza, mi vida rendida, el recibir el amor de tantas personas, el creer en imposibles, el renunciar a todo a cambio de que Dios fuese conocido y exaltado.

En ese momento cuando las enfermeras y el equipo de cirugía empujaban la camilla a la sala, no podía hacer menos que sonreír y decir: "todo va a salir bien".

Te dejo con esto que leí en las redes sociales y que me parece tan cierto:

> "En la escuela, primero recibes la lección y después recibes la prueba. Pero en la vida, primero recibes la prueba y después recibes la lección".

Te comparto lo que salió de mi corazón en la silla del agradecimiento el día de mi cumpleaños, el día de mis *Inolvidables 49* aprendí...

Que de niña el lugar más seguro y el amor más leal era el de mis padres. Y lo sigue siendo.

Que es verdad lo que decía mi papá: las cucarachas no comen gente. Aunque todavía me asustan.

Que la imaginación te puede llevar a lugares increíbles.

Que unas sábanas y donde poder amarrarlas eran suficiente para construir una ciudad.

Que nunca fui de muchos juguetes en realidad, si tenía con quién jugar, era suficiente.

Que esperar a papá en la puerta después de un día de trabajo te recompensaba con chocolates que sacaba del bolsillo, por eso se llevó los mejores besos.

Que acompáñame a la panadería era sólo una excusa de mi viejo por entrar en mi mundo y tener tiempo de conectar.

Que la música es un regalo.

Que mucha protección te hace crecer inseguro y desconfiado, por eso es importante encontrar el balance para dejar volar los hijos.

Que el amor de familia enriquece y que algunas relaciones dentro de ella pueden ser muy significativas.

En mi adolescencia, que puedes orinarte de un ataque de risa y llorar al mismo tiempo.

Que conocer los pasos de moda eran el secreto para ser el alma de la fiesta. Aunque termines sin zapatos y despeinada.

Que puedes bailar hasta no sentir los pies; una sensación única.

Que el primer amor puede ser tan hermoso y te puede hacer botar algunas lágrimas. Crees que es fin de mundo, pero cuando miras hacia atrás no era tal.

Que ni tus padres ni tus profesores son tus enemigos.

Que Dios existe y se revela de manera única a tu vida.

Que tener muchos amigos es una bendición y que cada uno ocupa un especial lugar; no hay por qué competir.

Que el sentido de lucha y responsabilidad es un legado que me dejo mi madre.

De adulta, que sí se puede aprender todo lo que uno se propone, incluyendo cocinar.

Que el ser madre es mejor de lo que me habían contado; es mucho dar, otro poco dar, y seguir dando.

Que, aunque pierdas la figura perfecta, todavía eres hermosa.

Que tu esposo puede llegar a ser tu mejor amigo.

Que las decisiones en la vida son en ocasiones riesgosas, pero en todas ellas, Dios guarda nuestro camino.

Que el sembrar en otros es un trabajo de dedicación y de amor que tarde o temprano da mucho fruto.

Que un estudiante puede derretir tu corazón cuando te dice: "Miss Ivonne, I love you."

Que encontrar el propósito en la vida es vital.

Que la vejez va más en la actitud que en las arrugas.

Que no necesitamos tener siempre la razón.

Que es bueno ver la vida a través del cristal de otros; despierta compasión y entendimiento.

Que ningún pecado debe horrorizarnos si recordamos bien de dónde venimos y cuán vulnerables somos.

Que la salud es un tesoro invaluable.

Que el reír es parte de mi personalidad, y no lo puedo evitar; puedo hacerlo en las circunstancias más adversas.

Que por mucho que deseemos llegar a una meta no podemos olvidar disfrutar el paisaje.

Que la vida da muchas lecciones y si las sigo escribiendo no termino nunca...

MI DESPERTAR

> Me ha enviado a darles una corona en vez de cenizas, aceite de alegría en vez de luto, traje de alabanza en vez de espíritu de desaliento.
> – Isaías 61:3

Desperté sin sentido del tiempo. No tenía ni idea de cuántas horas o días habían transcurrido. Como no sentía ningún tipo de dolencia, pensé, ¿será que todavía no me han operado?

Cuando por fin pude reintegrarme, vi las caras más bellas del mundo: mi hermana, mi sobrino y mi esposo estaban ahí, mirándome muy de cerca, casi como un descubrimiento arqueológico. Los habían dejado pasar a cuidados intensivos a verme y los sentía literalmente encima de mi rostro. Estaba entubada y comencé a parpadear, tratando de decirles que me quitaran todo para poder hablar. Entre tantas conversaciones previas que tuvimos, yo les había dicho que, si despertaba en esas condiciones, parpadearía en petición de mi liberación. Nos reímos. Ahí supe lo que había pasado.

La cirugía se extendió por aproximadamente 10 horas, entre la intervención en el hígado, la pausa para el descanso y la posterior cirugía de riñón. El riñón empezó a funcionar de inmediato. En algunos casos de trasplante pudieran pasar días y hasta semanas para que un riñón trasplantado se active y la persona suele necesitar diálisis posoperatoria, pero en mi caso no tuve que esperar. Otra respuesta a mi oración: "Señor, no quiero estar en diálisis después de la cirugía."

Testimonio vivo

Este inesperado suceso no solo desafiaba las expectativas médicas, sino que también se convertía en un testimonio vivo de la gracia divina. Este milagro reafirmaba la idea de que, incluso en medio de procedimientos quirúrgicos complejos, Dios podía intervenir en todo momento.

Pasé un total de 22 días de hospitalización. Mi recuperación fue mucho mejor de lo que hubiese podido imaginar, aunque no faltaron algunas complicaciones menores, muchas de ellas como reacción a los fuertes medicamentos que me estaban administrando. Mis fosas nasales se rompieron en una de las intervenciones, y eso me causó sangrado interno, por lo cual me tuvieron que sacar un coágulo de sangre de la garganta. Me dio una infección de orina y se me activó el citomegalovirus. Estaba débil, reteniendo líquido y sin apetito, razón por la cual tuvieron que animarme a comer por varios días, además de aplicarme terapias físicas y reuniones regulares con una psiquiatra.

Esos días después del trasplante son cruciales para cualquier paciente. Tu cuerpo está tan débil, la inmunosupresión tan alta, que cualquier bacteria, cualquier elemento exterior puede ponerte en riesgo de morir. Tenía que usar mascarilla a toda hora, tenía que cuidarme mucho, protegerme hasta del aire. Con decirte que era hasta peligroso abrir las ventanas de la habitación.

Estaba anémica y muy inflamada. Tenía poco apetito lo cual era muy negativo en mi estado. Comer y recuperar mi movilidad con la ayuda de terapia física fue mi principal asignación durante esos días. Las medicinas que tomamos las personas trasplantadas son bastante fuertes, de hecho, al comienzo me causaron alucinaciones. Veía objetos, figuras y telarañas. También deliraba; decía cosas incoherentes, dormida y semidormida. Entendí que eran reacciones normales al efecto químico en el cerebro. Como no creía que delirase por las noches, mi esposo me grabó. Nos hemos reído mucho con las locuras que dije esa noche cantando música llanera: "¿Qué hay que hacer para que una vaca de mucha leche? Hay que cantarle a la vaca".

Pero yo me sentía segura, feliz, de haber cruzado todo esto, de estar más cerca de la sanidad. Sentía el dolor de la felicidad, ese ardor que me decía que había pasado al otro lado, para vivir una vida más plena. Era un dolor diferente al anterior. "Voy a transitar el camino hacia la mejoría", pensaba mientras me permitía sentir los cambios en mi cuerpo. "Voy a estar bien".

Un equipo de 11 doctores supervisó muy atentamente mi recuperación, y recibí un cuidado médico excepcional en todo momento. El trato fue tan personal, tan cercano y tan amigable. Comencé a responder lentamente a todos los cuidados, no solo el de los médicos, sino el de mi familia y amigos provistos por Dios en esas tierras, que me acompañaron amorosamente. No paraban de llegar mensajes de toda nuestra red de apoyo en California. Estábamos de júbilo: había ocurrido un milagro para todos.

Mi lamento en baile

Esas largas noches de recuperación fueron testigos de nuestras conversaciones. Vladimir y yo volvíamos a hablar sobre el futuro. Se nos desplegaba un nuevo mañana, llenos de ilusión y pasión por compartir con otros lo que Dios había hecho en nuestras vidas. Nos latía el pecho al pensar en la posibilidad de que otras personas encontraran ánimo y fortaleza a través de este proceso doloroso.

La alegría y la emoción de planear el futuro otra vez eran enormes. Queríamos atesorar cada segundo de esta prueba y contar a todos cuán bueno, cuán fiel, cuán maravilloso había sido Dios con nosotros. Recordé el versículo que dice: "Has cambiado mi lamento en baile" (Salmo 30:11), de una manera muy viva. Él puso mis pies sobre la roca, me sostuvo incluso cuando mis fuerzas flaquearon tantas veces. Fue un milagro, y muchos de mis seres queridos fueron parte de él.

> "Puse en el Señor toda mi esperanza; él se inclinó hacia mí y escuchó mi clamor. Me sacó de la fosa fatal, del lodo y del pantano; puso mis pies sobre una roca, y me plantó en terreno firme. Puso en mis labios un cántico nuevo, un himno de alabanza a nuestro Dios. Al ver esto, muchos tuvieron miedo y pusieron su confianza en el Señor".
>
> Salmos 40:1-3.

Llegó, entonces, el tan anhelado día de irme a casa.

Era de noche y el aire estaba fresco, con muchas personas caminando por los pasillos del hospital. Mi hija Natasha, mi sobrino Manuel y Vladimir estaban allí esperándome. Experimenté una sensación de libertad abrumadora. Anhelaba besar y abrazar a todos a mi alrededor. Aunque llevaba puesta una mascarilla ajustada, esta se deformaba debido a la gran sonrisa que iluminaba mi rostro.

Nunca olvidaré el instante en que crucé las puertas de ese hospital. Ese largo pasillo, ese portón abierto de par en par, representaban el comienzo de mi nueva vida. Había nacido de nuevo.

Mi sentimiento de gratitud no me cabía en el pecho.

Libre de mi sentencia

Ya en casa mi progreso fue lento y después no tanto. Tenía momentos del día buenos y otros no tan buenos. Sentí mucho cansancio y poca energía. Mientras asistí a mis consultas médicas semanales me dieron una sola tarea para cumplir: comer y caminar.

Me sorprendí momento a momento de todas las cosas que podía hacer, las tareas más simples traen gran gozo a mi corazón. Cada segundo de vida es una gran victoria. Antes no podía, mi cuerpo no respondía, a las demandas simples de un día normal para cualquier persona. Me sentí feliz el día que volví a lavar los platos. Pude hacer compras en el supermercado sola después de muchos años. Dios había quitado ese peso de mi abdomen (y de mis hombros), me había liberado para renacer y ser libre de mi dolor y de mi sentencia de muerte. Comencé a escribir mi testimonio después de tres meses desde el trasplante.

Me pregunto cuántos de nosotros valoramos las cosas sencillas que somos capaces de hacer. Asumimos que siempre será así; damos por sentado que la salud y las fuerzas nos acompañaran hasta el final de nuestros días. Debemos parar y reflexionar. Mirar con asombro las minucias de la vida. Amando vivir y vivir amando.

Estoy volviendo a vivir, restaurada no solo física, sino también en mis emociones. Conozco mucho mejor al Dios que he profesado toda mi vida. Su carácter y naturaleza cobraron para mí un sentido mucho más real. Estoy viva, llena de fe y a la expectativa de que los venideros serán los mejores años de mi vida.

Sé que como yo hay muchas personas enfrentando situaciones similares, sufriendo, sin esperanza y batallando tal vez con las mismas dudas. Es evidente que si Dios me ha dado una nueva oportunidad de vivir es para cumplir sus propósitos, entre los cuales está el poderte contar mi historia y cómo Él intervino en mi vida.

Si sientes que se te ha pausado la vida, quiero decirte que el mismo Dios que cambió mis circunstancias, mis cenizas en corona, mi luto en alegría, y mi desaliento en alabanza, está dispuesto a hacerlo contigo. Acude a Jesús y deposita en Él tu confianza sin reservas. Te sorprenderá en gran manera.

Dios lo hizo posible, de Él es la Gloria. A Él le pertenece mi vida entera. Me regaló una segunda oportunidad. Me regaló un riñón y un hígado, pero también un corazón nuevo. Ese es *El milagro más grande*.

Puedo relatarte mi historia y contar los momentos de tristeza, desesperanza, depresión y sufrimiento; las innumerables veces que clamé a Dios para que quitara esa condición de mi cuerpo. ¡Clamé, por favor, Dios obra un milagro! Pero la enfermedad continuaba.

Sin embargo, el milagro estaba sucediendo, no como yo pensaba ni de la forma que yo quería que sucediera. Sí aconteció; pero en mi interior, en donde ningún cirujano, por experto y hábil que fuese, hubiese podido llegar. Mi visión de la vida es diferente.

Jamás veré los problemas como un enemigo implacable y amenazante. Las dificultades se han convertido en ocasiones para ver el poder de Dios manifestarse, son un gimnasio espiritual para ser más fuertes; es el lugar donde los aeróbicos espirituales nos capacitan para correr esta carrera de fe, aprender a ser efectivos y productivos de hacia dónde corremos y el para qué. Esto habla de destino y de propósito.

Mis prioridades son otras. El milagro fue poder reconocer lo que es realmente relevante e importante. Se removieron las distracciones que me desviaban de edificar mi carácter, de construir una familia conforme al corazón de Dios.

Entender la temporalidad de la vida me hizo abrazar lo eterno. El milagro fue vivir cada momento como un regalo. Mis oídos se abrieron a escuchar al ser invitada a bailar bajo el calor de un nuevo día, ser acariciada por la brisa de un despertar que se anuncia como el mejor de mi vida.

¿A qué se debe tanta expectativa de lo bueno y tanto disfrute? A que estaba enferma. Enferma de ansiedad por el mañana; enferma de querer hacer las cosas en mi propia fuerza; enferma de insatisfacciones; enferma de "quiero tener... pero no tengo"; enferma de ingratitud y de egoísmo.

No quiero hoy centrarme en la peor tormenta de mi vida sino en el resultado de ella... y el milagro más grande que Dios ha hecho: una nueva Ivonne.

Epílogo

> Se reviste de fuerza y dignidad, y afronta
> segura el porvenir. Cuando habla, lo hace
> con sabiduría; cuando instruye, lo hace
> con amor.
> – Rey Salomón, Proverbios 31:25-26.

Ivonne ha sido el amor de mi vida por casi 40 años. El día que nos conocimos yo manejaba el taxi de mi papá. Estaba de camino al ensayo, y ella iba al mismo lugar que yo. Para mi sorpresa, ambos éramos parte del mismo grupo de teatro en la iglesia. Se me acercó y preguntó sin titubear: «¿Nos puedes llevar?» Ya tú sabes lo que yo dije; de otra forma no estarías leyendo esto.

Ella estaba con una amiga y se sentaron en el asiento trasero del carro. ¿Quién era su amiga? ¿Acaso eso importa? Mis ojos estaban ijados en Ivonne y desde entonces sólo he tenido ojos para ella.

Todavía recuerdo el conjunto que llevaba puesto. Ves-tía con el resplandor del universo, la sonrisa Colgate y un conjunto rosado y gris con estampas de viejos pe-riódicos, pero quizás eso era lo único viejo en nuestra nueva historia. Desde que la conocí, se renueva cada vez que la cuento. Y como los viejos periódicos de su vestido, se ha quedado impresa en las retinas de ambos como si fuesen las últimas noticias.

La llevé a nuestro ensayo de teatro, sin saber que protagonizaríamos nuestra propia comedia romántica; la historia más sublime, divertida y sentida que haya escuchado, visto... vivido: la nuestra.

Aquel día se sentó en el asiento trasero, pero el día después, el mes después, el año después, ella sólo va conmigo en el asiento delantero, cerquita de mí, en este viaje nuestro que llamamos vida. Aquel día me quedé mudo cuando la vi y desde entonces empañamos el espejo de nuestra historia juntos con cada aliento.

Mis emociones corren desordenadas hoy tal y como aquel primer día. Verás: Estoy emocionado de verla con la ventana que se abre cada mañana. Estoy expectante de saber a dónde nos llevarán nuestros viajes. Ya viajamos a la penumbra. Ando reflexivo ahora observando la vida por el lente de su brillante perspectiva. Siempre aprendiendo. Siempre convirtiéndome.

Estaba incierto acerca del futuro, pero incierto fue nuestro primer encuentro, y ha sido un viaje maravilloso. Me quedo sin aliento cuando veo su fortaleza a través de su sollozante dolor. Conmovido cuando leo otra vez las líneas que comenzó a escribir apenas meses después de su cirugía y hoy tienes en tus manos.

Cuando salió de la cirugía directo a cuidados intensivos, fuimos a la sala a saludarla, y allí estaba entubada pero despierta, haciéndonos señas con los ojos y los hombros tratando de decirnos algo que no podíamos descifrar. ¡Y qué importaba! Me acerqué y le dije: "Lle-vo más de treinta años tratando de descifrar tus señas sin mucho éxito, así que no pretendas que te voy a entender estas." Me dio la mayor sonrisa de ojos que jamás haya recibido.

La enfermera nos convenció de que nos fuéramos a casa esa noche porque nos esperaban unos días difíciles de recuperación. Le hice caso y fuimos a descansar felices. A la mañana siguiente recibo una llamada del hospital. Mi pensamiento inicial fue de preocupación. ¿Qué habría pasado?, me preguntaba mientras que transferían la llamada entre departamentos hasta que escuché su voz con sorpresa: "¿Qué haces que no estás aquí conmigo?" Ya la habían desentubado y estaba fuerte y de buen ánimo.

Su recuperación postoperatoria fue tan rápida que nos sorprendió a todos. Al día siguiente salió de cuidados intensivos a sala de cuidados especiales postrasplante. Parecía que estaba en la *Matrix*. Catéteres por todas partes del cuerpo para drenar el edema. Una línea en la aorta que casi se la quita sin querer causando una respuesta de emergencia entre las enfermeras. Otras líneas en los brazos para tomar muestras regulares de sangre. Y medidores de toda clase que debían monitorear su estado de forma constante: oxigenación, presión arterial, electrocardiogramas y que se yo qué tantas cosas más.

Esos primeros días en recuperación, como se cansaba de estar acostada, bailábamos el tango de la matriz. Ella me decía: "quiero sentarme en el sofá" y yo comenzaba a mover todas las conexiones que tenía de alrededor de la cama para ponerlas alrededor de un pequeño sofá reclinable que estaba al lado. Una vez que movía todo, incluyendo las conexiones eléctricas de los monitores, la ayudaba a pasarse al sofá. Al rato me decía: "quiero acostarme en la cama" y yo proseguía a la rutina inversa hasta que ella estaba acostada.

Los primeros diez días los pasamos sin dormir mucho de corrido, así que el tango lo bailábamos a cualquier hora del día o de la noche. Era la tercera noche de baile cuando, como a las dos y media de la mañana, me pidió que la pasara al sofá. Pero esta vez fue distinto. Me pidió por primera vez que encendiera el televisor y que buscara entre los canales a *Enlace*. Para quienes no lo saben, Enlace es un canal cristiano de televisión transmitido vía satélite a todos los países hispanoparlantes.

Me acosté en el mueblecito de la visita, encendí el televisor y comencé a pasar varios canales hasta que, para la sorpresa de ambos, encontramos Enlace. Ivonne se durmió profundamente en los primeros dos minutos del receso comercial. Pero al reanudar la programación, mis ojos no podían creer lo que veían.

Esa madrugada, a la hora precisa de sintonizarnos, estaban retransmitiendo el concierto pregrabado de Danilo Montero y Thalles Roberto en *Expolit*, en el cual estuve presente en Miami el año anterior. Pocos minutos después, Danilo se dirigía a la audiencia de parte de Dios diciendo: "Yo soy tu sanador." Mi cuerpo se estremeció en seguida cuando recordé mi oración y le pregunté a Dios: "Cómo". Allí acostado al lado de mi esposa, viéndola después de ella haber recibido el trasplante y recuperándose como lo hacía, Dios me respondió mi oración y me dijo: "Así." Ahora estábamos al otro lado de su respuesta.

Mis ojos se llenaron de lágrimas, primero de agradecimiento. Le di gracias a Dios por cada detalle, por cada familiar, amigo y amiga, por aquellos desconocidos que nos apoyaron, por los médicos, por UCLA, por el Pablo Tobón, por Medellín, y por el maravilloso milagro de la vida. Sin dejar de llorar tuve el tiempo de adoración más largo en el que nunca había participado. Apenas Ivonne se despertó, caí en cuenta que eran las seis y media de la mañana.

Aunque no puedo decirte que en aquella sala de concierto Dios me respondiera la oración, ciertamente estaba desenvolviendo un plan maestro de coordinación internacional a nuestro favor; a favor de mi esposa. Nos había demostrado con hechos su amor y confirmado que Él no iba a ser, sino que es nuestro sanador.

"No había en él belleza ni majestad alguna; su aspecto no era atractivo y nada en su apariencia lo hacía deseable. Despreciado y rechazado por los hombres, varón de dolores, habituado al sufrimiento. Todos evitaban mirarlo; fue despreciado y no lo estimamos. Ciertamente él cargó con nuestras enfermedades y soportó nuestros dolores, pero nosotros lo consideramos herido, golpeado por Dios y humillado. Él fue traspasado por nuestras rebeliones y molido por nuestras iniquidades. Sobre él recayó el castigo, precio de nuestra paz y gracias a sus heridas fuimos sanados".

Isaías 53:2b-5.

Esposa mía, te revestiste de fuerza y afrontaste el futuro con una seguridad contagiosa. Eres sabia en tus palabras y nos enseñas con amor, incluso en estas memorias. Eres mujer virtuosa, y yo bienaventurado.

Soy afortunado de que aún tienes aliento y eso es ocasión para celebrar cada día. Te honro cada día. Te amo en verdad cada día. Aquel día me pediste un aventón, pero era yo el polizón en el vagón de tu corazón. Y eso me hizo el hombre que ahora soy.

Por eso rogué la ayuda de muchos. Quiero seguir llevándote de un lado para otro, seguir actuando contigo, seguir respirando a tu lado, seguir honrándote y aprendiendo de ti. Tal vez esta sea la cosa más egoísta que he pedido en mi vida, pero tuve que pedir. Y Dios me oyó.

Vladimir Lugo
Los Ángeles, California
Diciembre 2023

AGRADECIMIENTOS

> Yo te daré gracias en la gran asamblea;
> ante una multitud te alabaré.
> – Rey David. Salmos 35:18

Quise hacerte creer que la protagonista de esta historia era yo, pero estoy segura de que, en estos momentos, ya sabes la verdad. No era yo. Nunca lo fui. Es Dios, quien me hizo partícipe de Su historia por amor a ti. Así que estoy agradecida con Dios, porque todo se lo debo a Él.

Aparte de eso, no sé ni siquiera por dónde comenzar, pero acá voy. Quiero darle gracias a mi esposo por compartir la realidad de esta historia a mi lado y creer en mi para que me animara a escribirla y a compartirla. A mis hijas, cuya resiliencia y adaptabilidad aportaron a mi medida de paz para hacer la carga más llevadera. Obvio que también por su amor, pero no sé si tan siquiera sea legal repetir la palabra amor tantas veces en un mismo libro... ¡ah, verdad! Contra el amor no hay ley (Gálatas 5:23).

Gracias a mi familia extendida por tantos momentos de oración que compartimos en los puntos más bajos de mi proceso y por el buen humor que siempre trae aliento en tiempos de dolor. ¡Tan cerca estuvieron de tantas maneras! A mi hermana Teresita, por enseñarme los pasos que debía seguir, tanto terrenales como espirituales. A mi sobrino Manuel, porque Dios nos regaló muchos tiempos de gozo desafinado mientras compartíamos los mismos temores cantando karaoke. A mi suegra, quien se dio a la tarea de engordarme para que mi cuerpo desnutrido se fortaleciera; cada quesadilla con tomate, orégano y aceite de oliva contó para tal fin. A mi mamá, con su amor tierno y preocupado me sostuvo y con su fe inquebrantable me animó a seguir. A mi ahora yerno, Christian y a su familia. Pensé en mi mente novelera que cuando vino a Medellín era para pedirme la mano de mi hija en los momentos moribundos del hospital, pero Dios es mejor escritor que yo.

Gracias a Los Imparables, mis amigos entrañables, guerreros de la fe y compañeros de pelea, los esposos: Josué y Marisol; Henry y Samantha; Tony y Maritza; Jairo y Mercedes; Nelson y Karla; Juan y Silvia; Mario y Verónica; Gustavo y Sandra; Ray y Kleiny; y a Carmen y su hija Valeria. Sin ustedes, el desenlace de esta historia sería otro. No hay manera de repagar todo lo que hacen por nosotros. También quiero agradecer a otros amigos que organizaron eventos que fueron de gran impacto y bendición, ellos son Betty y Edgar, Joe y Norma, Jesse y Annabelle, América y Enrique, Chilo y Marlene, Linda, Blanca Natalie y otros tantos que participaron en todos los eventos que se hicieron.

Gracias a mis viejitas, Laly, Lala Flor y Rosita. Quedan como una foto en mi memoria todos los actos de servicio, las buenas comidas y la sabiduría de quienes van un poco más adelante en el camino de la vida. Gracias por darnos tiempo.

Gracias a Tamy, mi mentora, mi amiga entrañable, por su sabiduría y sensibilidad durante todo el proceso.

Gracias a mis hermanos hijos de otros padres, Yeny y Harold, mi familia no de sangre, por todo su apoyo. Ellos además son los pastores de la Iglesia Cristiana El Sembrador, en Fontana, California. Junto con la congregación, nos rodearon de oraciones y palabras de aliento y nos ayudaron mucho en la logística necesaria. Aquí aprovecho de agradecer a otras iglesias que nos apoyaron con sus donaciones y oraciones incesantes: Iglesia Las Acacias, Comunidad Cristiana de Montgomery, Iglesia Bautista de Bell, Iglesia del Pacto Emmanuel y Ministerios Manantial de Amor.

Gracias al Dr. Anjay Rastogi y mis demás doctores de UCLA, en Los Ángeles, California quienes me fueron guiando de la mano y sin saberlo se convirtieron en agentes de la misión divina. Y a los del Hospital Pablo Tobón Uribe en Medellín, Colombia, en especial al Dr. Juan Restrepo, director del programa de trasplante y a la Dra. Catalina Ocampo, quien además me sobornó para dejarme teñir el cabello si me alimentaba bien durante mi recuperación, claro, si era la única mujer del equipo en ese momento. Y gracias a la Dra. Clara Cossio-Uribe, psiquiatra del equipo y la primera en animarme a escribir mi historia diciéndome: "Ivonne, es tu historia, y tú cuentas lo que quieres contar."

Gracias a Miguel y Celita, y su familia, quienes aligeraron mi carga de muchas maneras y en diferentes momentos estuvieron presentes dando mucho más de lo esperado en Medellín.

Gracias a los pastores David y Silvia y a su Iglesia El Poblado Misión Cristiana quienes se convirtieron en un hogar y un refugio en tiempos de necesidad. Mi oración es que Dios les siga entregando las llaves de sanidad a todos los enfermos que se acerquen a ampararse bajo su refugio.

En fin, gracias a todos quienes participaron. Estoy segura de que son muchos los nombres que no alcanzo a mencionar e incluso muchos de la mayoría no conozco, pero ustedes saben quiénes son y lo mucho que aportaron. Sus nombres están escritos en los registros de Aquel que todo lo ve y todo lo sabe.

Hoy, por primera vez en dos años, regresé a la sala de diálisis. Desde el estacionamiento, mi corazón comenzó a palpitar rápidamente, ya que tantos recuerdos dolorosos y compasivos inundaron mi mente. Sin embargo, hoy me propuse reemplazarlos con nuevas memorias, y así fue. Cada miembro del personal médico, dietistas y técnicos que se cruzaron en mi camino irradiaban sorpresa, felicidad genuina y abrazos. No hacía falta decir mucho; un simple "Wow" y "¡Qué saludable te ves!" me ofrecían la oportunidad de sonreír y contarles lo que Dios había hecho.

El agradecer y compartir con personas como estas era una deuda que tenía que saldar. ¿Por qué? Porque es el fruto de un proceso difícil. Además de los pacientes, ellos también están esclavizados y dependen no solo de una máquina de diálisis, sino de otras circunstancias. Mi énfasis fue claro: "Dios es tan real, oportuno, milagroso y disponible para ti". Los ojos se llenaron de lágrimas, y mi oración es que esas palabras se conviertan en semillas de fe y salvación para ellos.

No pude ver a muchos pacientes conocidos, ya que algunos ya no están, han fallecido, y otros continúan en la lucha. Terminamos nuestra visita ofreciendo compartir mi historia personal, dispuestos a trabajar como embajadores de ayuda con pacientes y sus familias.

Lo digo desde la belleza del presente y la fuerza del recuerdo: este lugar se ha convertido en un espacio perfecto para dar, servir y honrar a Dios.

Limitación de responsabilidad

Este libro ha sido escrito para compartir mi historia. He hecho todo lo posible para narrar mi historia de manera fidedigna e integral, sin embargo, es posible que haya errores de tipografía o de contenido.

El propósito de este libro es el de animar a toda persona que pueda estar pasando por procesos similares de enfermedad crónica o circunstancias extremas. Ni yo ni la casa publicadora nos haremos responsables por errores u omisiones.

La autora y la casa publicadora limitamos nuestra responsabilidad legal por daños y perjuicios que pudiese causar o que se alegue causar, directa o indirectamente, por el contenido de este libro.

Si tienes algún reclamo o deseas hacer alguna pregunta de índole legal, o alguna otra consulta, por favor escríbeme a:

ivonne@ivonnes.fund

Este libro ha sido publicado con la asistencia de Tepui Media.

Tepui Media es una empresa comprometida con el fortalecimiento de las iniciativas de autores independientes y con amplificar su impacto comunicacional. Tepui Media cuenta con un equipo de profesionales altamente calificados en comunicaciones de medios múltiples e incluye a varios especialistas en presencia y mercadeo digital, producción audiovisual, estrategia de contenido y desarrollo de software.

Si necesitas publicar tu libro y crear una plataforma sólida de promoción y difusión de tu mensaje, habla con los expertos:

https://tepui.media

info@tepui.media

CUANDO SE TE PAUSA LA VIDA

Ivonne Cabral

Portable *inspira*

Portable
GRUPO EDITORIAL

Somos una editorial creativa, flexible, dedicada a **formar autores, hacer libros y encontrar lectores.** Unimos la energía del start up con la experiencia sumada de un equipo de talentos en todas las áreas de gestión editorial. Nuestra especialidad es buscar autores que inspiren, construir contenidos inolvidables y hacer libros de calidad para ser leídos en el mundo. **Somos más que una editorial: somos una agencia para autores del futuro.**

@EditPortable

www.editorialportable.com
Contacto:info@editorialportable.com

.

Made in the USA
Columbia, SC
06 June 2024

30788c3d-243c-49a1-9cc3-49db300ecf5aR02